本专著致力于研究俄罗斯和北约国家国防工业方面信息技术的使用问题。这一问题既可以从总体国家政策的角度,也可以从具体应用决策的角度予以研究。

本专著中提供的材料将对国防工业综合体组织及其整合机构的领导和专家有用。

ИНФОРМАЦИОННЫЕ ТЕХНОЛОГИИ В ОБОРОННО--ПРОМЫШЛЕННЫХ КОМПЛЕКСАХ РОССИИ И СТРАН НАТО

国防工业信息技术：
俄罗斯与北约国家的实践

[俄]基谢廖夫·弗拉基米尔·德米特里耶维奇
[俄]达尼尔金·费多尔·阿列克谢耶维奇 著
[俄]古宾斯基·亚历山大·米哈伊洛维奇
北京永利信息技术有限公司 译

北京理工大学出版社
BEIJING INSTITUTE OF TECHNOLOGY PRESS

版权专有 侵权必究

图书在版编目（CIP）数据

国防工业信息技术：俄罗斯与北约国家的实践/（俄罗斯）基谢廖夫·弗拉基米尔·德米特里耶维奇，（俄罗斯）达尼尔金·费多尔·阿列克谢耶维奇，（俄罗斯）古宾斯基·亚历山大·米哈伊洛维奇著；北京永利信息技术有限公司译. —北京：北京理工大学出版社，2020.3

ISBN 978-7-5682-8251-2

Ⅰ. ①国… Ⅱ. ①基…②达…③古…④北… Ⅲ. ①信息技术–应用–国防工业–工业综合体–研究–俄罗斯、北大西洋公约组织 Ⅳ. ①F416.48-39

中国版本图书馆CIP数据核字（2020）第046357号

北京市版权局著作权合同登记号　图字01-2019-1654号

出版发行 / 北京理工大学出版社有限责任公司
社　　址 / 北京市海淀区中关村南大街5号
邮　　编 / 100081
电　　话 /（010）68914775（总编室）
　　　　　（010）82562903（教材售后服务热线）
　　　　　（010）68948351（其他图书服务热线）
网　　址 / http://www.bitpress.com.cn
经　　销 / 全国各地新华书店
印　　刷 / 保定市中画美凯印刷有限公司
开　　本 / 710毫米×1000毫米　1/16
印　　张 / 12　　　　　　　　　　　　　　责任编辑 / 李炳泉
字　　数 / 163千字　　　　　　　　　　　　文案编辑 / 李丁一
版　　次 / 2020年3月第1版　2020年3月第1次印刷　责任校对 / 周瑞红
定　　价 / 89.00元　　　　　　　　　　　　责任印制 / 李志强

图书出现印装质量问题，请拨打售后服务热线，本社负责调换

序

2016年俄罗斯联邦政府批准了《发展国防工业综合体》的国家计划。

批准该计划的政府决议指出，国防工业综合体领域的国家政策的制定和实施根据国防工业综合体发展领域的国家政策基础确定的目标、任务和优先方向进行。

O·H·里亚赞采夫，
俄罗斯工业和贸易部国防工业综合体管理部部长

其中一个优先发展方向是为国防工业综合体组织的运作提供信息分析保障。

目前，信息技术已经成为提高俄罗斯国防工业综合体竞争力和效率的重要条件之一。成功研发和应用先进的信息技术需要统一决策及各部门和各行业的协调配合。

俄罗斯工业和贸易部正积极致力于在国防工业综合体组织中运用信息技术。

一个突出的例子是规划了2020年前在俄罗斯联邦国防工业综合体中建立、发展和使用信息技术的概念项目。这是第一份系统阐述国防工业综合体中信息技术的状态和趋势、任务和应用机制的文件，需要法律、政府和各部门决议通过。

俄罗斯工业和贸易部特别关注制裁背景下有关技术独立性的复杂问题以及与之相关的进口替代的必要性问题。

为了确定和实施促进国内自动化设计系统建立和发展的国家扶持措施，俄罗斯工业和贸易部成立了工作组，以制定符合软件开发商和国防工业综合体企业利益的基本要求和行业要求。

同时，为了促进进口替代及其成果，俄罗斯工业和贸易部正在研究在法律方面和联邦预算中实行补贴的可行性，以补偿国防工业综合体组织使用国产软硬件的费用。

在本专著中，读者不仅能够从总体国家政策的角度，也能从具体应用决策的角度研究国防工业综合体中的信息技术。

本专著适用于国防工业综合体组织及其整合机构的领导和专家。

俄罗斯工业和贸易部国防工业综合体管理部部长
О·Н·里亚赞采夫

前　言

在最近 20 年中，信息技术的发展改变了世界。随着信息技术的发展，出现了以前无法获得的新机遇，这首先表现在国家管理、国防和安全领域。这些领域提出了艰巨的任务，在完成艰巨任务的过程中，国防工业综合体是保障其实际实施的重要环节。

国防工业综合体中的信息技术，一方面用于保障国家和军用复杂信息系统的建立和有效运作的可行性；另一方面，信息技术旨在确保国防工业综合体自身企业生产军民两用和民用产品的生产经营活动。

美国和北约其他国家特别关注信息技术的发展，以保障国家管理利益并确保军事技术优势。

美国制定的网络中心战概念以及建立的国防部联合信息环境，要求美国军工行业和与之相关的商业和科学组织制定使用现代信息技术的高效新方法。

世界军事政治局势迫使俄罗斯高度关注国防和安全问题。国防工业综合体面临建立有前途的新型武器、军事和特种设备模型的任务。实施进口替代的必要性使解决这一任务更加复杂，这在信息技术领域尤其敏感。

在本专著中，读者不仅能够从总体国家政策的角度，也能从具体应用决策的角度研究国防工业综合体中的信息技术。

第 1 章分析了美国和北约其他国家武装力量和军事工业的信息技术。探讨了国防企业联盟（NCOIC）实施美国网络中心战概念的经验：通过建立联合军政领导机构、侦察和分析信息源、管理杀伤性武器，并为战斗参与者提供准确的作战情报的信息交换网络，提高管理效率，从而提高武装力量的战斗力。

美国国防部建立了联合信息环境，以便通过整合 IT 基础结构来提高效率并节省预算资金，这非常令人感兴趣。

同时，旨在适应当前全球地缘政治现实的北约改革计划实施框架下，研究制订 IT 现代化计划。

为了保障实施网络中心战概念的利益，对美国领先企业利用信息技术的问题以思科系统公司（Cisco Systems）为例予以研究。

第 2 章分析了信息技术在国内国防工业综合体中的使用，并提供了国防工业综合体组织中信息通信技术的使用资料。

本章提供的资料由国防工业综合体信息技术中心根据俄罗斯工业和贸易部的订单，在分析国防工业综合体企业使用信息通信基础结构的成果基础上编制。

第 3 章包括国防工业综合体信息技术中心制定的俄罗斯联邦在 2020 年前在国防工业综合体中建立、发展和使用信息技术的概念。该概念确定了在俄罗斯联邦国防工业综合体中发展和使用信息技术的国家优先地位和目标，以及实现既定目标的主要方向和机制，以确保高效生产具有竞争力的军民两用和民用产品。

第 4 章举例说明了国内国防工业综合体使用的现代信息技术研发科学方法。其中，在实现信息系统接口和创建基于互联网的信息应用用户界面设计平台的任务中，对相关元数据结构的设计问题予以研究。

作者对 В·М·古谢夫和 Д·А·科罗列夫斯基为第 2 章和第 3 章准备资料所做的贡献表示深深的感谢。

本专著是致力于国防工业综合体和信息技术发展问题的一系列工作的延续[1-4]。

目 录

第1章 美国和北约其他国家武装力量和军事工业的信息技术 ·················001
- 1.1 美国在发展信息技术方面的国家政策和网络中心战概念···001
  - 1.1.1 政府倡议··················001
  - 1.1.2 网络中心战概念和先进的信息技术在军事领域的应用··················004
- 1.2 确立美国国防部联合信息环境建立的前提条件·······005
- 1.3 国防企业的合作与北约信息基础结构的重组·········018
  - 1.3.1 国防企业的合作与北约信息基础结构的重组·····018
  - 1.3.2 国防工业企业构建北约信息环境的途径 ······023
  - 1.3.3 国防工业综合体企业为建立复杂的信息系统进行的合作示例··················027
- 1.4 旨在保障国防部的利益并实施网络中心战概念的美国领先企业的信息技术·······029
  - 1.4.1 IP网络高可用性技术···········029
  - 1.4.2 IP通信解决方案············030
  - 1.4.3 移动解决方案············031
  - 1.4.4 信息安全技术············033
  - 1.4.5 数据处理中心和数据存储网络··········035

第2章 俄罗斯国防工业综合体中的信息技术现状和前景······040
- 2.1 信息技术产业发展领域的国家政策和国防工业综合体组织的信息化···········040
- 2.2 利用信息技术解决国防工业综合体中的一体化任务·····046
- 2.3 国防工业综合体中使用信息技术的实践分析········047
  - 2.3.1 工作站自动化水平··········047
  - 2.3.2 在国防工业综合体的信息系统中自动化工作站的功能机构··················047

- 2.3.3 国防工业综合体各行业中自动化工作站的数量……048
- 2.3.4 信息系统的使用效率……049
- 2.3.5 网络技术的使用……050
- 2.3.6 软件的使用……051
- 2.3.7 信息通信技术的费用……052
- 2.3.8 各类自动化工作站的使用……053
- 2.3.9 质量管理自动化工作站的使用……054
- 2.4 国防工业综合体组织在工作中对信息技术的使用……055
  - 2.4.1 信息通信基础结构的使用……055
  - 2.4.2 通用系统软件的使用……058
- 2.5 国防工业综合体组织在工作中对信息系统的使用……060
  - 2.5.1 会计核算和人员管理信息系统……065
  - 2.5.2 通信、文件传递和公文处理信息系统……069
  - 2.5.3 设计和工程信息系统……073
  - 2.5.4 生产业务管理信息系统……078
  - 2.5.5 运输和仓储管理信息系统……085
  - 2.5.6 产品质量和生命周期管理信息系统……090
  - 2.5.7 企业管理信息系统……096

第3章 2020年之前，在国防工业综合体中创建、发展和使用信息技术的概念……104

- 3.1 引言……104
- 3.2 概念概述……105
  - 3.2.1 概念拟定的前提……105
  - 3.2.2 发展战略的选择……106
  - 3.2.3 概念草案……107
  - 3.2.4 概念的标准法律基础……108
  - 3.2.5 概念结构……108
  - 3.2.6 功能性自动化工作站……109
  - 3.2.7 自动化控制系统和功能性自动化工作站的使用……110

3.2.8　国产自动化工作站替代进口自动化工作站及其
　　　　发展的可能性……………………………………111
3.2.9　技术依赖和国家安全问题………………………112
3.2.10　信息安全措施……………………………………113
3.2.11　国防工业综合体信息安全和构建统一信息空间
　　　　的标准体系保障………………………………114
3.2.12　国防工业综合体的统一信息空间………………115
3.2.13　信息和通信服务…………………………………116
3.2.14　在国防工业综合体中推广和使用信息技术的路
　　　　线图……………………………………………118
3.3　2020年之前，在俄罗斯联邦国防工业综合体中创建、
　　发展和使用新技术的概念草案………………………119

第4章　用于国防工业综合体的信息技术开发范例…………160
4.1　解决信息系统接口任务的关系元数据的结构…………160
4.1.1　引言…………………………………………………160
4.1.2　数据说明……………………………………………161
4.1.3　屏幕状模板说明……………………………………165
4.1.4　导航描述……………………………………………167
4.1.5　访问权限描述………………………………………167
4.1.6　结论…………………………………………………169
4.2　网页信息附件的用户接口开发平台……………………169

参考文献……………………………………………………176

第 1 章 美国和北约其他国家武装力量和军事工业的信息技术

1.1 美国在发展信息技术方面的国家政策和网络中心战概念

1.1.1 政府倡议

1990 年以后，地缘政治形势的变化造就了美国在军事政治领域的绝对主导地位，也对美国国家和军队管理系统的建立和运作原则提出了新的要求。

如果说美国以前的主要目标是与苏联进行全球对抗，那么在苏联解体后，美国军事政治决策层的目标便被重新定位，以保证美国在全球的至高地位。

在这一观点框架下，美国通过利用信息技术的先进成果，做出重大努力以优化国家管理系统。

因此，1993 年，时任美国总统比尔·克林顿（Bill Clinton）和副总统艾伯特·戈尔（Albert Gore）发起了大规模的政府机构改革。这些改革旨在消除多余和过时的职能，减少低效率人员的数量，并最大限度地在工作中利用现代信息技术。

改革的必要性很好地反映在 1993 年 8 月美国国会通过的政府绩效

评估法律《1993年政府绩效和结果法案》中。在该文件中，尤其强调了联邦方案的资源浪费和效率低下损害了美国人民对政府的信心，降低了联邦政府有效履行职能的能力。

1993年9月初，委员会在艾伯特·戈尔的领导下编写了一份关于联邦政府活动的报告《国家绩效评估报告》[5]，其中包含对国家机构工作效率的分析；发表了题为《从繁文缛节到以结果为本——创造一个工作更好而花费更少的政府》的报告。

20世纪90年代初，得益于使用现代信息技术而表现出高效率的私营业务被作为国家管理改革的典范。在这次改革中，联邦政府作为服务订货方，私营企业作为其供货方。计划终止了效率低下的联邦方案，1993—2001年公务员数量减少了40万，与私营企业签订的合同数量与1993年相比增加了44%。

1993年年初，发表了比尔·克林顿—艾伯特·戈尔备忘录《美国经济增长技术：必须建立的新方向》[6]，其中还强调了建立更有效率的政府的必要性。

在这种情况下，现代信息技术发挥了最重要的作用。

艾伯特·戈尔尤其积极地强调信息技术发展的必要性。1988—1991年，他在担任参议员期间，就开始从事国家研究和教育网（National Rerearch and Education Network，NREN）的建立工作，该网络连接美国研究和教育中心的超级计算机，为用户提供了访问这些超级计算机的机会。关于建立NREN的法律——《高性能计算法案》于1991年由美国国会通过。

根据艾伯特·戈尔建立NREN网的经验，备忘录中规定必须建立国家信息基础结构（National Information Infrastructure，NII），这是一种信息高速公路（Information Superhighways），其意义对美国经济来说，与19世纪建设的铁路网相当。

为建立国家信息基础结构，计划：

——在《高性能计算法案》投资框架下，继续进行建立更强大的超级计算机、高速计算机网络和第一条国家信息高速公路及开发软件的工作；

——设立专门工作组，以协调国家信息基础结构的建立工作，确保与国会和私营部门的互动；

——制订软硬件发展计划（信息基础结构技术计划），以便在建立和运行国家信息基础结构时有效利用先进的计算和网络技术；

——保障先导项目的资金；

——确保所有相关用户都能获取联邦信息（经济、生态和技术信息）。

1995年通过的《文书削减法案》旨在提高联邦机构的工作效率，最大限度地减轻自然人、小企业、教育和非营利性组织、联邦承包商和当地政府机构的文书负担。

1996年，美国通过了克林格—科恩《信息技术管理改革法案》[7]，其中对国家机构在日常活动中使用信息技术、控制相关采购流程和投资活动提出了要求。

美国国防部也提及改革国家管理机构和加强使用现代信息技术的问题。

1997年，参谋长联席会议制定了概念性文件，题为《未来联合作战概念：2010年联合展望》（图1.1左）。

在这一概念中，特别关注保障军事作战行动中的兵种间的一致性，并指出在军事事务中运用新的信息技术和其他技术成果会对美国武装部队作战能力的变化和军事斗争的性质产生决定性的影响。同时，在信息优势的基础上研究了传统的机动战、打击战、后勤保障和防护概念[8]。

这一概念被称为网络中心战概念，在2000年6月通过的文件《2020年联合展望》（图1.1右）中得到进一步发展。

图1.1 《未来联合作战概念：2010年联合展望》和《2020年联合展望》

因此，改革国家管理机构和制定新型军事理论的必要性，为美国国防工业综合体企业提出了新任务：建立实施这项计划所需的信息技术。

1.1.2　网络中心战概念和先进的信息技术在军事领域的应用

美国武装力量的网络中心战概念（以下简称新概念）在参谋长联席会议委员会制定的《2020年联合展望》中提出，旨在通过建立联合军政领导机构的信息交换网络，侦察和分析信息源、管理杀伤性武器，并为参与战斗者提供准确的作战情报，提高管理效率，从而提高武装力量。

新概念通过将地理上分散的力量整合到统一稳定的信息系统网中，将独立信息通信技术固有的优势转化为共同竞争优势，从而产生增效效应[9]。

在北约国家中，网络中心战的原则尤其体现在"综合网络能力"（北约网络能力，NATO Network Enabled Capabilities-NNEC）的概念中，这一概念旨在组织国家武装力量中的高科技部队在现代和未来武装冲突中的相互协作。它的出现直接关系到"北约新战略概念"（《盟国联合作战条令》）和"组织和开展未来联合共同作战概念"的制定过程，以及新型作战战略类别的出现，例如信息战、信息优势等。"网络使能能力"的形成受到美国"网络中心战"概念的极大影响[10]。

"网络使能能力"概念的主要目的在于在军事领域运用先进的信息技术，以应对现代挑战以及对国家和联盟安全的威胁。这方面的活动在三个关键领域展开：

——部署现代通信系统；

——利用信息处理和传输的统一工具组，开发先进的信息处理、分析和分发系统；

——形成能够分析接收和处理外部信息的现代信息环境，并涉及管理机构的组织机构改革和优化、信息处理和分析的问题，以及人员培训、注册文件和理论文件的修正。

新概念的实施将为北约所有可能的作战范围——从维和行动到大规模高强度作战行动提供有效的信息侦察保障。与此同时，北约军事专家强调，

"网络中心战"不但能控制和整合通信系统,而且能够提高所有作战行动参与者的相互协作水平,其中包括杀伤性武器、后勤支援机构和站点等[11]。

1.2 确立美国国防部联合信息环境建立的前提条件

从 2000 年开始,在美国信息技术的发展过程中,除了系统能力的数量和质量上升外,还确定了各种资源的网络使用原则。

在网络中心战概念的框架下,为保障国防部的利益,自 2000 年开始,美国国防部建立了全球信息网络(Globel Information Grid,GIG)(见图 1.2),包括国有和租用的通信渠道、计算系统和服务、软件(包括应用程序)、数据、安全服务和其他相关服务。该系统旨在收集、处理、存储和管理信息,以保障军政决策层、国防部和维护人员的利益[12]。

出于信息安全的考虑,军事通信不能建立在传统互联网的基础之上,全球信息系统能够显著提高军事通信的质量和机动性。其任务是建立这样一个特定的(部门)信息环境,授权(军事)用户,无论他们在哪里,从属地位如何,是否与负责信息收集、处理和传播的机构有关系,都可以随时获得所需数据。这些数据可以从各种来源获得,包括武装部队的信息系统、空间侦察和监视系统、国防部的情报信息库以及民间组织(金融、贸易和其他组织)的数据库。

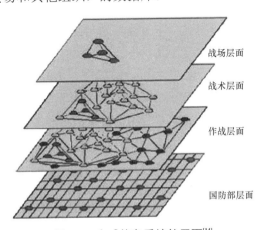

图 1.2 全球信息系统的层面[14]

全球信息网络系统应支持所有任务的解决方案并完成国防部、国家安全系统和相关情报机构在和平和战争时期的所有职能（战略、作战、战术和业务）。全球信息网络系统提供分散在全球（局部）的作战部队和设施（基地、营地、车站、设防点、保障设施、移动平台、部署的通信站等）潜力的信息。全球信息网络系统还应涵盖所有自有或租赁的通信系统、服务、软件（包括应用程序）、数据、安全程序和其他相关服务。此外，网络系统应提供与联盟部队、盟国以及系统的其他授权非军事用户进行作战通信的接口[15,16]。

在实施全球网络中心战的同时，也必须发展地区各部门信息系统和一些组织机构的系统。用户数量得以增加，地域本地化扩大。

这样，根据 2014 年的统计数据，与美国国防部进行信息交互的有关数据如下：

——约有 140 万个在编工作岗位；

——约有 80 万文职人员；

——有 120 多万国民警卫队和预备役人员；

——有 550 多万军人和退休人员的家庭成员。

信息交互在全球 145 个国家的 5 000 多个地点开展，覆盖 60 万栋独立建（构）筑物。

使用 1 万多个操作系统（而且 20%的操作系统具有极其重要的意义），850 多个数据处理中心，65 000 台服务器，700 多万台计算机和 IT 设备，数千个（台）局域网、E-mail 服务器、网络保护系统、Proxy-服务器等。移动设备：大约 50 万台黑莓手机（Black Berry），超过 4 万个 iOS 系统（Pilots），8 700 个 Android 系统（Pilots）。

为了维持这一切，美国国防部 2014 年拨款 396 亿美元，其中 174 亿美元用于基础结构，47 亿美元用于网络安全[17]。

1. 美国国防部的联合信息环境

国防部领导分析了信息技术利用的现状，早在 2010 年就得出结论，这一领域存在一些需要彻底解决的根本问题：

——在机构部门存在大量彼此不相关的信息系统；

——这些系统防守薄弱；

——运营成本高。

2010年8月，时任美国国防部长罗伯特·盖茨（Robert Gates）发起了一项旨在通过整合IT基础结构来提高效率和节省预算的重大倡议。他认为，问题在于太多的机构部门在信息技术领域实行独立的政策，建立独立的基础结构和与其他系统不兼容的应用程序和算法。所有军事基地、作战司令部和国防部的部门都有自己的IT基础结构、特定的管理流程和自己的应用程序组。这种分散的方案导致了高运营成本和工作能力效率低下。此外，大量不同的信息系统增加了网络漏洞的风险，并限制了抵御网络威胁的能力[18]。

在罗伯特·盖茨的倡议实施后，2011年8月，时任参谋长联席会议主席迈克·穆伦上将为通信电子部（J6——联合参谋部通信电子部）设定任务，与国防部信息部门负责人特里萨·塔凯（Teresa Takai）合作，准备建立未来网络概念，而且还制定了组织信息交互并解决与美国盟友进行信息交流的安全问题的任务。

2011年10月，国防部副部长批准了制定联合信息环境和路线图的战略。

几乎同时，在2011年11月，时任美国网络司令部司令基思·布莱恩·亚历山大（Keith Brian Alexander）向参谋长联席会议通报说其无法控制国防部全部网络以保障安全的风险，并提出整合IT基础结构的建议，以提高效率和安全性。为响应亚历山大上将的这些建议，参谋长联席会议向通信电子部与国防部信息管理局局长特里萨·塔凯就网络司令部关于研发联合信息环境的问题发出指示。

参谋长联席会议的这个指示，奠定了建立新型网络战略方案的基础，这一网络能够使国防部及其合作伙伴借助可调配设备，随时随地安全获取必要的信息和服务。

因此，联合信息环境是一个垂直结构概念，起源于2010年，但限于国防部长罗伯特·盖茨的战略眼光，此时没有提及国防部通过设立唯一的服务供应商的方式完全控制所有网络服务的问题，也没有计划建立一个机构,用于从数据中心到工作站,从五角大楼到战场的战术环节的所有网络的控制、管理和维护。国防部还没有独断处置某些IT资产的权力和能力。此外,还没有计划整合各部门机构的IT预算和资源,以建立联合信息环境。

2013年1月,新一任参谋长联席会议主席马丁·登普西上将介绍了他对联合信息环境的看法,将其定义为"一个安全的联合信息环境,由共享性IT基础结构、体系级信息服务和统一安全架构组成"[19]。

根据上将的观点,联合信息环境将信息基础结构提升到一个新的水平。这将从根本上改变建立并使用新信息技术的概念。联合信息环境包括网络运营中心、基础数据处理中心、身份管理系统和基于云的应用程序和服务。联合信息环境应保障信息环境在需要时能随时随地灵活地创建、存储、分配和操作访问数据、应用程序和其他计算服务。它还可以更好地保护信息免受未经授权的访问,同时增强整个系统连续应对安全漏洞的能力,见图1.3和图1.4。

在2014年提交给国会的报告中,国防部情报局局长指出联合信息环境主要有以下优势[21]:

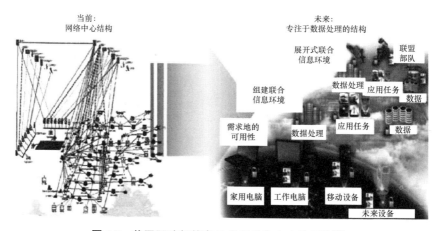

图1.3 美国国防部信息技术当前和未来的架构[20]

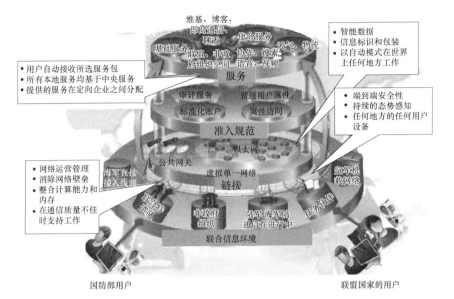

图 1.4 联合信息环境的运作[20]

（1）用于软件、服务器、网络、移动和固定计算设备、身份和访问管理系统的标准化信息和安全体系结构。用户应对信息的完整性和可靠性充满信心，即使在受到网络攻击期间，参与执行特定任务的信息系统也能正常工作。联合信息环境的体系结构应能允许每个级别的网络安全专家监视网络状态。这将最大限度地降低对网络威胁同步响应的复杂性，最大限度地提高操作效率并降低风险。

（2）整合数据处理中心、作战中心和查询业务将使联合信息环境的用户能够及时安全地获得完成任务所需的数据和服务，无论他们身在何处。

（3）与国防部现有 IT 架构的兼容性。

2. 整合数据处理中心

联合信息环境框架下的一个重要方面是整合国防部的多个数据处理中心，见图 1.5。

原先国防部在这方面的活动根据美国政府发起的联邦数据中心整合计划（FDCCI）进行，关闭了 277 个数据中心（截至 2014 年第一季度）。

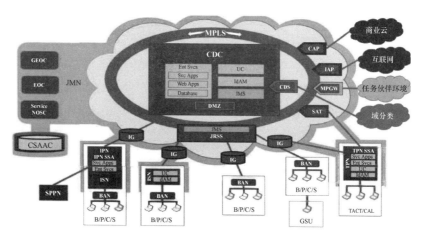

B/P/C/S—基地、指挥所、营地和站点
BAN—基地网络
CAP—云访问点
CDC—核心数据中心
CDS—跨域解决方案
CSAAC—网络态势感知分析云数据服务—数据服务
DMZ—非军事区
Ent Svcs—DOD 企业服务（扩展）
EOC—企业运营中心
GEOC—全球企业运营中心
GSU—地理分离单元
IAP—互联网接入点
IdAM—身份和访问管理
IG—安装网关
IPN—安装处理节点
ISN—安装服务节点
JMN—联合信息环境管理网
JMS—联合信息环境管理系统
JRSS—联合区域安全堆栈
MPGW—任务伙伴网关
MPLS—多协议标签交换
NOSC—网络运营与安全中心
SAT—卫星通信网关
SPPN—专用处理节点
SSA—单一安全架构
Svc Apps—DOD 组件应用程序
TPN—战术/移动处理节点
UC—统一功能网络应用程序

图 1.5 联合信息环境的组成和结构[20]

在联合信息环境框架下制定和实施数据中心整合战略时，国防部规定了下列四类数据中心：

——核心数据中心（CDC）：为国防部机构部门和因特网接入商提供系统和应用程序的主要迁移点，是最重要的数据中心，用作战略部署，以保障能高速访问全球信息；

——安装处理节点（IPN）：提供本地化服务；

——专用处理节点（SPPN）：为固定基础结构或项目，例如试验场、实验室、医疗诊断设备、机械加工车间等提供计算服务和信息存储；

——战术/移动处理节点（TPN）——为部署的战术环节作战部门提供支持。

国防部将进行清点,所有现有数据中心将被归入这四类中心之一,或在未来 5~7 年内予以关闭。中心的数量、地点和提供的服务清单将根据联合信息环境的要求进行优化。

图 1.6 以图形形式显示了这四类中心,作为国防部未来企业网络的一部分,符合联合信息环境中规定的原则。企业网络包括数据中心、终端用户设备和数据本身,网络和统一安全架构通过联合信息环境在逻辑上相互连接。国防部云平台的组件将安装在每个节点上,以确保向最终用户提供云服务。

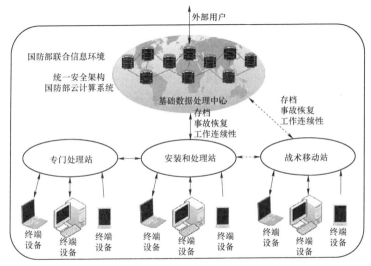

图 1.6 联合信息环境数据处理中心的系统[22]

基础数据处理中心架构的基本要求如下:

——根据特许经营模式,每个基础数据处理中心由国防部的相关机构(各类武装力量的作战司令部①或国防部各处)控制,根据该模式,在管理对象、技术和操作方面进行标准化专项控制。将来计划将商业机构作为管理主体。

——操作、流程和管理程序的标准化根据联合信息环境中设置的意

---

① 作战司令部:美国武装部队的军事编制,由至少两种不同类型的武装部队组成,或是按照地理特征—责任分区组建,对应于俄罗斯的"军管区"概念,或是根据其功能组建。

识形态完成。

——基础数据处理中心的设备应满足数据传输设备制造商协会的要求（TIA-942 标准——数据处理中心通信基础结构的要求）、国际正常运行时间协会第Ⅲ级的要求以及国防部对关键对象的要求。

——通过在国防部企业网络的安全边界内使用冗余基础结构，重复连接和布局，实现高容错性能和安全性。

——托管非智能外部服务器和应用程序。

——用于本地数据复制、故障后复位，以及其他数据处理中心的数据相互存档。

——计算能力和存储容器的容量应能够支持云计算和服务器虚拟化技术。

——信息空间、容量和基础结构应具有可扩展性。

国防部目前在全球拥有 850 多个数据处理中心。数据处理中心的范围从向国防部提供公共企业服务的大型专业机构（例如 DISA 计算中心）到在独立军事设施（基地、岗位、营地和站点）用于安装设备的服务器室层面。这些数据处理中心共同构成国防部企业信息环境的一部分，负责数据存储、信息处理和提供服务（基础结构、平台和软件）。

这些数据处理中心主要为满足所属机构或目标计划的个性化需求而设计，无须考虑兼容性、标准化、效率或升级到新技术的能力。当前数据处理中心的主要缺点包括以下几点：

——数据处理中心的计算能力未合理分配，未经优化，导致现有资源使用浪费；

——基础数据处理中心的特定软件，以及其开发和构建的软硬件平台和应用程序价格昂贵、效率低下、不兼容且不灵活；

——实际战局中在质量差或缺乏沟通的情况下，无法有效地向战术环节的最终用户提供服务；

——分散的数据库和各种访问方法增加了为适应不断变化的条

件而获取所需信息的时间,以及根据整合的真实信息做出战术或战略决策的时间;

——在向用户提供服务和实施内部业务运营方面,数据处理中心缺乏标准化,这导致很难评估所用 IT 系统的实际总成本;

——大量数据传输中心和网络自主管理,而没有统一机构,导致产生不必要的安全风险;

——无法快速轻松地适应新技术和提供服务机制,例如云计算和服务器虚拟化。

图 1.7 显示了基础数据处理中心和云服务器的交互功能。基础数据处理中心的概念设计使用物理数据中心基础结构,来传输数据并向用户提供云服务,不论访问接入点还是访问用设备如何。提供这些服务的机制包括以下几种:

——软件即服务(SaaS);

——平台即服务(PaaS);

——基础结构即服务(IaaS)。

虽然国防部的不同部门可以根据特许经营模式管理基础数据处理中心,但所有这些部门都将根据设定的成套标准流程、业务流程和 IT 服务管理流程进行操作,如图 1.7 右侧的圆柱体所示。这对于保障基础数据处理中心作为统一的、逻辑上连接的计算环境来说十分重要,也能满足容错性能、故障后复位以及保障不间断操作和负载平衡的要求。

3. 云计算

在美国政府使用信息技术的整体战略框架下,国防部实现了云服务器的发展。

云计算是建立联合信息环境和升级国防部信息基础架构的重要组成部分,允许用户随时随地借助任何标准设备访问数据。建立联合信息环境的一个关键任务是管理传输并形成安全、可靠、灵活的多互联网接入商的云计算环境,这将提高信息基础结构的运作效率。无论用户在何地,使用哪种设备,云服务器都可以通过提供对必要数据和企业服务的安全访问来增强用户的机动性。

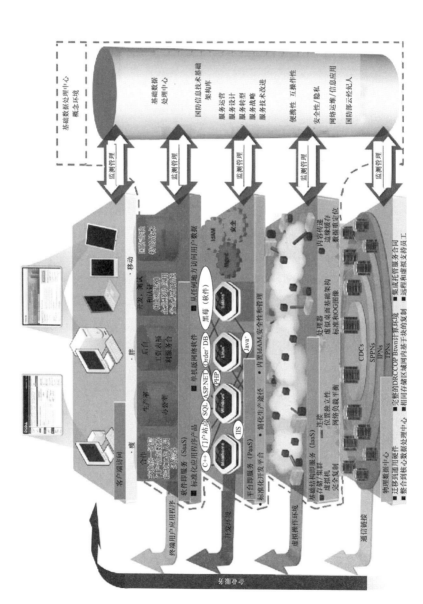

图1.7 基础数据处理中心和云服务器的交互功能[22]

在创建联合信息环境时，计划研究使用商业云计算经验的新方法。根据国防部活动的特点以及网络威胁对国家安全的风险，要求从信息安全、确保操作连续性和信息系统稳定性方面对商业云服务进行仔细评估。为了解决商业云服务方面保障信息安全性的问题，采用联邦风险授权和管理计划（FedRAMP）[①]中提出的方法。

对国防部云战略的两种方案予以研究：第一种方案是在私营企业的基础上建立独立的云基础结构，将用于支持国防部的所有活动，包括秘密文件的处理；第二种方案是国防部使用现有或新建的商业云服务，这符合信息安全部的要求。

4. 企业服务

国防部的企业服务是指全球应用程序可供世界各地的大多数用户使用，是确保有效运营和提高安全性的关键要素之一。其中一个例子是企业电子邮箱保护，它是企业传递消息的工具，通过将各种现有电子邮箱服务器整合到提供付费服务的国防部信息系统局（DISA）管理的全球服务器而构建。因此建立了国防部的统一企业电子邮箱、统一联系地址名单并整合电子邮箱支持服务。

受保护的企业电子邮箱目前由国防部信息系统局、美国陆军地面部队、总参谋部、国防部长办公室、人力资源中心、海军研究局、海军招募司令部、空军总部、美国欧洲联合司令部、美国中南美洲司令部、交通司令部和美国非洲联合司令部等使用。截至 2014 年 2 月，国防部非机密网络的企业电子邮箱用户有 160 万个，机密网络用户有 15 万个。

基于统一实时服务（Unified Capabilities），计划提供八种服务（见表 1.1）。

[①] FedRAMP：一项政府计划，旨在为云产品和服务的安全评估、授权和持续监控提供标准化方法。

表 1.1　全球信息网络系统的主要服务[23, 24]

通信服务	说　　明
邮件和日历	注明优先级、传送条件、数字签名和加密密钥的邮件传送；日历允许规划会面日程
即时通信和聊天	提供实时消息传递，聊天室与即时通信的区别在于其可在专门的聊天空间内分组交流
智能动态现场	允许根据此刻可用的各种信息（短信、电话、移动设备）设置联系方式
整合通信	通过 E-mail 访问语音邮件或是通过语音邮件访问 E-mail
视频会议	通过视频会议保障多用户交流
语音和视频（点对点）	为两个用户提供通过语音和视频进行通信的方式，可以提供额外的语音邮件服务、呼叫转移、电话接线员连接和本地呼叫中心
语音会议	保障多用户的语音会议组织
网络会议和网络互动	在网页的基础上，为多用户提供语音、视频和数据通信方式

5. 信息安全

信息安全是国防部的最高优先事项之一。保护联合信息环境的主要目的在于保障信息系统的可靠性、稳定性和安全性，使其免受网络漏洞和高技能对手的攻击。重点在于保证对正在执行的任务的防护，而不是保护个别计算机或系统的安全，这是联合信息环境安全要求的主要变化之一。这种变化趋势从筛选威胁方案转向以生存性为导向的方案，在这种方案中，灵活保障可操作性和信息安全将贯穿整个信息环境。

联合信息环境为操作者提供了独立评估信息安全操作风险的机会。在联合信息环境的计算技术和网络设计中，借助风险区予以实现。风险区有助于限制执行特定任务时存在的风险，并防止它们跨越联合信息环境流向其他任务。这种方案与目前国防部的现有方案相比发生了巨大变化。

最重要的任务是为联合信息环境的信息安全设计统一的联合方案。目前，国防部解决信息安全任务的许多方案对于其所有的机构部门都是相同的。同时，每个部门都有可能独立制定有关设计计算机网络和制定信息保护战略的重要决策。这导致出现了一些问题，例如信息安全方案的多样性，导致共享任务无法达到总体保护水平（因为实现这些任务的IT由各个组织开发和运营）。此外，还使联合检测网络攻击、诊断和响应变得复杂，像国防部这样复杂的组织要做的事情太多。最后，这种多样性造成的问题可能会干扰与外部合作伙伴的信息交流。

为了解决这些问题，需要在国防部的所有单位实行统一的计算机网络架构和保护方案。这种"全周期"信息安全方案将显著提高国防部应对网络攻击的能力，最大限度地减少成功攻击扩散造成的损害，并提供以联合作战优化的方式检测、诊断和响应攻击的机会。得益于联合信息环境的标准化和数据交换，信息安全专家将能够监控网络中发生的过程，并且借助安全的远程控制和自动化，他们能够更快地采取保护措施。

统一安全架构可以简化新程序的研发，以便支持解决方案的落实。依靠在标准安全工具之上创建的软件应用程序，大多数解决信息安全问题的本地方案的需求将消失，使得这一简化成为可能。

为了确保网络安全，国防部信息系统局成立了专门组织——网络安全研究中心，其主要有五个部门。

（1）软件基础结构部（Infrastructure Software Services Division）负责云计算。该部门负责国防部信息系统局和"军事云"（milCloud）的云计算。

（2）网络安全部（Cyber Security Division）正在研究新一代安全工具，特别是与外部云基础结构相关的工具。该部门积极与DISA的大数据分析平台合作。

（3）网络态势感知和分析部（Cyber Situational Awareness and Analytics Division）监测国防部网络中的网络威胁，并识别其网络中的漏洞。

（4）最活跃的部门是区域性安全存储栈的构置保障部门（JRSS）。这是建立联合信息环境最重要的组成部分。

（5）军事移动通信受到特别严格的控制，移动组合管理办公室负责该项管理。

新建网络安全研究中心的主要任务是根据统一安全架构（SSA）的规则确保国防部联合信息环境的信息安全[24,25]。

1.3 国防企业的合作与北约信息基础结构的重组

1.3.1 国防企业的合作与北约信息基础结构的重组

1. 基本前提条件

秘书长安诺斯·福格·拉斯穆森（Anders Fogh Rasmussen）上任后不久，就发起了北约改革计划。改革不仅包括北约指挥机构（NCS）的重新协调，以使其适应当前的全球地缘政治现状，还包括整合北约各部门，减少其数量，同时提高效率和活动成果。

在这一改革框架下，新成立的北约通信与信息局（NCIA）面临的任务是分析北约 IT 潜力的现状，并在联盟国家计划削减资金的框架内确定现代化的途径。

该任务由网络安全研究中心与国防企业联盟——网络中心战工业联盟（NCOIC）共同解决，网络中心战工业联盟由国防工业综合体的领先公司组成。

从历史上看，北约的信息技术投资按照国家预算和北约集中资金[能力包（CP）原则[26]]共同筹资的原则通过单独的项目或计划实现。信息技术的开发通常是为了保障特定客户、用户群体或独立项目的利益。由于要采用"复制一切，无处不在"的方案建造分布式架构，这些投资的总成本非常高。项目实施的重点是满足地方层面的需求和愿望，而不是着眼于全球发展，没有定位于标准化和全球效率。因为这些分散的信息结构广泛分布在当地层面，其数量和复杂性需要额外的高技能劳动力维持其工作状态。这导致在生命周期的所有阶段维护信息基础结构的后续成本增加。

由于减少资金和北约改革的需要，有必要优化现有的信息基础结构。为此，选择了网络中心方案，类似于美国为准备网络中心战制定的方法，作为优化的主要方向。

这种方案与先进的行业经验匹配较好，可以减少劳动力数量和 IT 基础结构的总容量，同时提供必需的更高水平服务，并能够大大节省财政资源。

北约通信与信息局以及 NCOIC 制定了战略，以进行必要的变革。

该战略以集中化和一致性原则为基础，大大降低了未来信息系统的复杂性，并奠定了所有新建系统的基础。同时，软硬件解决方案的标准化水平应与功能需求水平相对应。

相应地，拟议方案要求与供应商建立长期的全球伙伴关系，以便在所有北约机构范围内达到必要的软硬件统一水平。

在 IT 现代化项目的框架内，拟通过以下方式提高北约信息技术和 IT 基础结构的效率：

——在标准解决方案和减少软硬件异构性的基础上更新过时的 IT 基础结构；

——访问服务水平的定量和定性增长；

——确保与北约相关机构的持续运行和故障后复位；

——提高信息安全水平；

——提高操作灵活性，能够根据操作环境的动态需要重新分配资源；

——应用新的工作方法，允许使用移动劳动力；

——确保维持所提供服务需要的劳动力，减少运营和维护成本。

北约通信与信息局继承的 IT 基础结构的现状在多年内形成，其基础结构的建立由当地的需求情况决定，采购于不同的时期，资金来源于不同的预算，根据不同的合同，来自不同的供应商，以保障许多不同的国家和北约各种机构的利益。

在建立信息系统时，使用了三种主要的融资机制：

——北约非军事预算，其负责为北约总部信息系统的运营和维护提供资金；

——北约安全投资计划（NSIP）——一项长期投资计划，旨在为北约军事计划进程确定的任务提供资金；

——军事预算（MB），在该预算框架内提供资金以支持工作和更换设备。

此外，还使用了一系列其他融资机制，例如产品开发客户的部分融资，该产品随后被提供给该客户，联合融资等。这些多样化的融资机制也促成了北约机构中部署的 IT 系统的多样性。融资模式的多样性导致技术解决方案、IT 服务管理机制、服务水平定义等方面的不一致。

先前采用的方法使问题更加严重，在这种方法中，不是将每个单独的任务集成到公共系统中，而是在追求最大限度的独立性框架下分别研究这些任务，以便通过减少依赖性使得实施风险最小化。虽然北约的一些机构采取了单独的步骤来解决这些问题，但总的来说，形成了许多不同的技术解决方案和技术情况，即使在独立机构中也是如此。因此，IT 基础结构在本地分散、异构，需要复杂且昂贵的支持和维护系统，并且还具有面向北约特定组织或机构的功能。

当同一部门在许多地点使用不同的硬件、不同的软件、不同的信息过程提供支持时，那么，这种分段构架就导致支持部门的高度冗余。此外，对所提供服务的需求并不总是合理的，各种服务的获取水平没有明确界定且不受控制，维护成本不合理，而且显然被高估。

这种不统一性成为北约范围内资源整合的障碍，使更广泛地使用管理自动化系统变得更加困难和昂贵。

2012 年 8 月对北约机构中使用服务器的情况进行评估表明，服务器的平均利用率仅为 9%左右。同时，还得出结论，当前的构架无法在组织层面上更有效地使用此计算能力冗余。

此外，基本软硬件会变旧，这导致维护成本不断增加。表 1.2 中显示了在北约一些大型机构中进行的最新大规模硬件升级。如果服务器的平均寿命按约五年计算，那么现有的大部分基础结构已经过时或变旧。2012 年 8 月的评估显示，2014 年 8 月，企业中 65%的设备将超出其正常生命周期，对其维护需要增加运营和维护成本[27]。

表 1.2 北约一些大型机构中进行的最新大规模硬件升级

北约机构（指挥部）	布置地点	更新日期
盟军转型司令部	比利时	2008 年 3 月
盟军海上司令部	比利时	2009 年 5 月
联合部队司令部	葡萄牙	2008 年 9 月
北约联合空战中心	西班牙	2013 年

续表

北约机构（指挥部）	布置地点	更新日期
盟军陆军司令部	土耳其	2009 年 8 月
区域通信控制中心	意大利	2013 年
北约布林瑟姆司令部	荷兰	2009 年 6 月
北约那不勒斯司令部	意大利	2012 年 12 月
联合部队训练中心	波兰	2008 年 8 月
北约联合作战中心	挪威	2009 年 3 月
北约空军司令部	德国	2009 年 10 月
北约联合部队驻欧洲司令部	比利时	2009 年 7 月

2. IT 现代化的前景

IT 现代化确保北约机构基于基础结构即服务（IaaS）[①]的原则使用私有云服务，统一、灵活、有逻辑的整合，在地理位置上分散的基础结构包括北约所有必需的应用程序，但是无须开展提供硬件的独立项目予以支持。

架构现代化在 2012 年国防企业联盟 NCOIC 提出的战略基础上开展，根据该战略，现有的零散基础结构应现代化，转变为统一结构，采用以客户为导向的方案提供服务。在新架构框架下，设置了联合管理和各种控制级别、有限的操作系统和硬件组合列表，增强虚拟化水平、现代云计算技术、故障后复位和寿命维持设施。

3. IT 现代化的范围和期限

IT 现代化计划适用于三类北约机构：

——北约指挥机构；

——北约总部；

——北约各机构。

---

① 基础结构即服务（IaaS）：在一个用于研发和运行应用程序的平台上提供基础服务，如虚拟服务器、数据仓库和数据库。

IT 现代计划划分出两个安全区：

——运营网络（ON），提供北约机密（NS）①级别之下的服务；

——受保护的商业网络（PBN），提供北约限制（NR）②安全级别之下的服务，包括互联网接入。

在 IT 现代化计划框架内，北约通信与信息局（NCIA）启动了为北约总部建立主动网络基础结构（ANWI）的项目。根据该项目，在北约 2020 年联合愿景框架内，将为总部提供现代化的信息技术。

为了实施项目，北约通信与信息局与国防工业综合体的企业签订价值数百万的合同，合同的履行将为依靠数千名不同类别的用户建立的高容量和通信安全性的虚拟化云环境提供保障。终端用户将受益于新的瘦客户端、灵活的无线通信基础结构、互联网语音协议和移动通信服务。

截至 2016 年年初，安全管理中心已经建立并开始工作。主要工作量于 2017 年第一季度完成[29]。

同时，安全管理中心编制了工程在第一阶段框架下 IT 现代化投标邀请书（IFB），第一阶段于 2015 年 4 月底启动，预计期限五年。工程的主要内容是对目前原有的信息基础结构根据新原则进行现代化。

在第一阶段框架内，计划对位于蒙斯（比利时）、拉戈帕特里亚（意大利那不勒斯）和布鲁塞尔（比利时）的三个北约企业数据处理中心进行现代化改造，并建立两个新的本地服务运营中心，通过这两个运营中心，中央服务管理和控制部门将发挥其职能。

截至 2020 年，IT 现代化涉及 44 个北约信息中心，其余的中心计划在 2020 年后进行现代化改造。

根据 2016 年 6 月签订的现有合同进度表，第一波 IT 现代化按如下方式进行：

——提供机密级别服务的运营网络（ON）和提供限制级别服务的受保护商业网络（PBN）于 2016 年 12 月 26 日之前在蒙斯（比利时）

---

① 北约机密（NS）：北约的保密等级，信息的披露可能对北约造成严重损害。

② 北约限制（NR）：北约的保密等级，信息不是机密信息，但其散布对北约无益。类似俄罗斯的"供官方使用"等级。

投入运营；

——两个北约企业数据处理中心（拉戈帕特里亚和蒙斯）和两个本地服务运营中心（蒙斯和海牙）于 2017 年 4 月 10 日之前投入运营；

——在 2017 年 11 月 20 日之前，在诺福克、诺斯伍德、伊兹密尔和西格内拉建立四个高容量站点。

4. IT 技术领域

在 IT 技术领域，计划在三个中央数据处理中心整合 IT 基础结构，并为本地结构部署区域分布式标准或高级节点（SN 或 EN）。数据处理中心保障高层次的稳定性，其中包括必要时自动切换到其他地理位置的资源。将集中处理故障复位，同时至少在三个地点保障数据随时可用，这将在必要时确保在可预测的期限内恢复服务，并对数据丢失进行可预测的限制。标准节点仅能保障最小能力集，用于处理和存储信息，提供现场服务。高级节点包括更高级别的本地化处理和存储，以便提供更高级别的稳定性，并保障继续使用尚未适应新结构的传统应用程序的可行性。现有和未来的应用程序将通过新的基础结构进行集中和整合，以确保有效和高效地提供 IT 服务来保障北约的利益。

1.3.2　国防工业企业构建北约信息环境的途径

网络中心战概念的实施要求行业致力于满足国防部与此相关的需求。

与此同时，最重要的任务之一是建立必要的信息基础结构。

解决这一任务，首先要求国防工业企业制定建立信息环境的新方案。

其中一种方案是由行业领先企业成立专门的联盟，致力于解决具体的一系列任务。

为了解决与网络中心战概念的信息技术软件相关的任务，成立了三个联盟，联合了美国国防工业综合体的领先企业。

——网络中心战工业联盟；

——企业集成协会；

——网络中心战工业论坛。

此外，已建立的海陆空通信和电子协会也根据网络中心战的概念重新定位任务。

我们以国防企业联盟——网络中心战工业联盟(以下简称联盟)为例,研究这种机制。

网络中心战工业联盟成立于 2004 年,旨在帮助(国防工业企业)建立网络中心战的全球网络。联盟成立的目的在于确保企业信息系统的互操作性,以实现跨部门和跨国的工商业合作。

多年来,联盟的成员大大扩展。2004 年它仅包括 15 家公司,现在其成员数量增加至 80 家公司,包括巨头波音、思科系统公司、德勤会计师事务所、欧洲宇航防务集团、芬梅卡尼卡公司、IBM 公司、ITT 公司、洛克希德·马丁公司、诺斯罗普·格鲁曼公司、雷声公司、泰雷兹公司等来自 18 个国家的公司。联盟的活动是为了保障美国、英国、德国、法国、意大利等主要北约成员的国家、军事和私营机构的利益。

与联盟活动相关的机构有以下几个国家和国际机构:

- 欧洲空中导航安全组织;
- 欧洲防务局;
- 北约盟军转型司令部;
- 北约协商、指挥和控制局;
- 北约信息系统操作和支持局;
- 美国国防部信息系统局;
- 美国国土安全部;
- 美国联合部队司令部;
- 美国海军航空系统司令部;
- 美国海军太空和海战系统司令部。

联盟与美国国防部信息系统局密切合作,其决策层包括国防部、情报界、国土安全部和美国其他部门的代表[30]。

此外,国防企业联盟积极配合北约通信与信息局的工作。其中包括为了保障通信与信息局的利益,联盟分析了北约 IT 潜力的现状并确定实现其现代化的方法。

网络中心战工业联盟(NCOIC)和北约通信与信息局(NCIA)的

相互协作流程如图1.8所示。NCOIC的工作组织如图1.9所示。

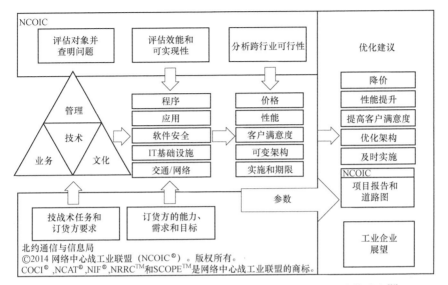

图1.8 网络中心战工业联盟和北约通信与信息局的相互协作流程[31]

NCOIC内实施的方案能够保证世界领先的公司之间的真正合作，在其他情况下，这些公司往往是激烈的商业竞争对手。联盟在解决协同问题方面所做的努力为网络定向系统、产品和服务的开发人员制定了一套统一的指导原则（图1.9）。

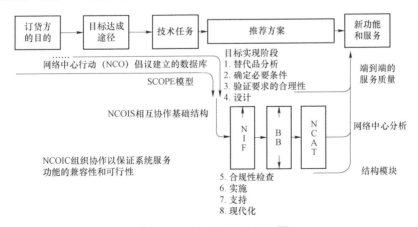

图1.9 NCOIC的工作组织[32]

在联盟框架内，在对自己关键的不同市场中拥有利益且不是直接竞争对手的公司之间实现了战略合作，但它们在个别互利商业任务的解决方案方面还缺乏能力、资源或其他机会。

NCOIC 协调领先企业创建统一云架构，以保障美国国家地理空间情报局①的利益，如图 1.10 所示。

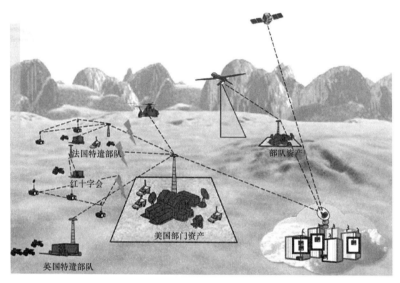

图 1.10　为保障美国国家地理空间情报局的
利益建立统一云架构的概念图示[33]

图 1.11 显示了 NCOIC 参与美国法定监管的标准流程，显示了标准化协调机构与法律法规的决策机关——美国国会之间的程式化联系，这将直接影响信息安全领域工业组织的工作。

国会规定了管理安全和保密方面的标准要求，这些要求对于联邦信息系统和组织来说属于强制性要求。此外，联邦机构制定了该领域现有工业规则使用方面的建议书和指导原则，这些不是强制性要求，可根据需要使用，例如，在网络和安全保障（IT 安全、杀毒软件）公司提供的

---

① 国家地理空间情报局（NGA）是美国政府机构，其任务是为军队、国家和民用用户提供各类情报数据和制图信息，属于美国情报部门。

应用程序方面。与此同时，美国和国际标准组织（ISO、IEEE、国际电信联盟、互联网工程任务组等）提供标准和最佳实践清单，它们可以被一些行业机构使用或者对国会通过的法律法规产生影响。

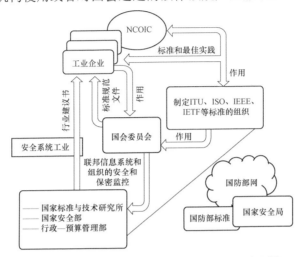

图 1.11　NCOIC 参与美国法定监管的标准流程[34]

在这一过程中，NCOIC 是一个工业联盟，为成员公司提供工业进一步发展的标准和最佳实践。

1.3.3　国防工业综合体企业为建立复杂的信息系统进行的合作示例

我们以 NCOIC 成员意大利国防巨头企业芬梅卡尼卡公司（Finmeccanica）和世界上最大的 IT 公司之一美国思科系统公司于 2013 年 12 月达成的战略协议为例，说明国防工业综合体企业为建立复杂的信息系统进行的合作。两家公司不是直接的竞争对手，在不同的市场中从业。根据全球军工百强榜的统计，芬梅卡尼卡公司获得 49.6%（108 亿美元）的军工合同，而思科系统公司绝大多数的商业利益目前与非军工项目有关。但是，两家公司都是最复杂的技术系统的大型集成商。

根据达成的协议，思科系统公司为合作伙伴提供其网络技术的访问权限、技术鉴定和培训服务，以便将其技术和成品运用在芬梅卡尼卡公司的技术解决方案中。反过来,这家美国公司也能访问它感兴趣的意大利合作伙伴的研究成果。此外,双方宣布了在销售和营销方面的合作,特别是通过自己的销售和服务网络获得新客户的访问权。芬梅卡尼卡公司利用自己的军事研究成果,正积极地以相邻的"智慧城市"概念在实施综合解决方案市场中开展工作。然而,为了巩固这些新型和大型市场,重要的是找到盟友,思科系统公司依靠其产品的全球销售和服务网络、强大的推进系统在企业和政府层面找到了非常适合这一角色的方法[35]。

另一个例子。在《2010 年联合展望》计划中,作战人员信息网(WIN–T)发挥了特殊作用。从那时起,作战人员信息网研发了该系统的几个版本。2012 年,第 13 版作战人员信息网 CS13 系统投入使用。2014 年,后续版 CS 14 进行了现场测试,后又更新了新版——从 CS 15 到 CS 18。

WIN–T 系统的领先开发商(初始成本为 100 亿美元)是通用动力公司(General Dynamics)及其主要合作伙伴洛克希德·马丁公司(Lockheed Martin)。这两家公司的主要研发人员负责通信、网络系统和集成平台,吸引了 BAE 系统公司(BAE Systems)、哈里斯公司(Harris Corporation)、L-3 通信公司(L-3 Communications)和思科系统公司加入[36]。

图 1.12 显示了 WIN–T 网络的总图。国防部能够通过 WIN–T 网络监控所有成员组级别的部门,甚至单兵的状态。

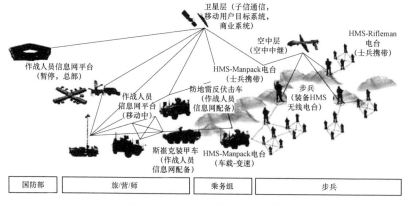

图 1.12　WIN–T 网络的总图[37]

WIN-T 是第一次完全集成的系统，包括无线电设备、卫星系统、新型软件包、士兵通信设备（类似智能手机），能够保障固定指挥所、行军指挥官和士兵之间的通信。

目前，阿富汗每十个美国陆军部队中就有四个部队配备了最新版的 WIN-T 网络 Inc.2。

1.4 旨在保障国防部的利益并实施网络中心战概念的美国领先企业的信息技术

为了实施网络中心战概念，美国领先企业使用信息技术的问题以思科系统公司（以下简称思科）为例。

思科系统公司——一家美国跨国公司，是信息技术领域的全球领导者，专门从事用于美国国防部和国防工业综合体信息支持的网络设备的开发。

思科系统公司在解决网络中心战概念实施过程中出现的技术问题时，不限于自身的研发成果，还与网络行业一流的合作伙伴合作。这种方法能够最大限度地有效利用行业中积累的所有先进经验。

自身的研发成果以及与全球国防工业领先企业的合作伙伴关系（思科系统公司是网络中心战工业联盟的创始者之一，该联盟致力于保障网络中心战概念的实施），使该公司成为信息技术领域工业合作的关键参与者之一。

思科系统公司的网络技术能够建立智能信息网络，可用作国防组织现代化的技术基础，以实施网络中心战概念。无论用户在什么时间或在什么地点，这些解决方案都能保证所有命令传递链的畅通和从网络任何一点安全访问关键信息。

1.4.1 IP 网络高可用性技术

作为网络安全领域的领导者，思科系统公司提供广泛的集成解决方案，能够自动且高度可靠地保证整个链中的信息（包括有限访问）传递到较低层级。思科的网络解决方案有助于确保信息的传递，形成并建立全球和本地级别的完整画面，包括数据传递、语音和视频安全及时传递。思科系统公司的产品有助于确保即使在危机情况下也能高效获得关键信息。如图 1.13 所示。

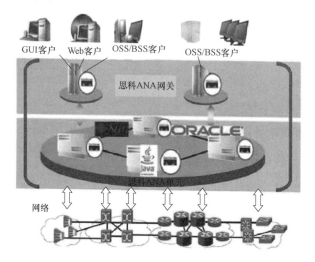

图 1.13 IP 网络高可用性技术[38]

思科系统公司的竞争性技术优势在于吸引专业咨询机构参与工作，这些机构在设计、运营、管理和为作战组织提供信息支持方面拥有丰富的经验。此外，思科系统公司还在其开展服务的各个阶段参与并提供支持。

美国国防工业综合体中使用的思科系统公司最重要的信息技术之一是 IP 网络高可用性技术。

思科系统公司的 IOS®软件实现的高可用性技术依靠保障全网稳定性来提高 IP 网络的可用性。这是通过以下途径实现的：网络应用应覆盖不同的网络段——从企业的骨干网络到企业和提供商的边界网络，最后到提供商的控制网。由于网络某一段发现的故障可能导致服务中断，违反关键应用程序所需服务层面的协议，如语音通信、电子商务、数据存储网络、资料传递程序等，因此所有网络段应具备足够的容错能力，可在故障后快速恢复工作性能，并支持用户和网络应用程序连续、透明工作。

1.4.2 IP 通信解决方案

国防部的机构正在积极利用现代 IP 系统，这些聚合平台能够利用现代通信的优势，其中包括协作工具，能够提高整个分层指挥链中的人员效率。

思科系统公司的 IP 通信解决方案包括经国防部认证的能力组，其中包括现代 IP 电话、IP-自动电话站、通信统一以及召开 IP 视频和音频会议。

思科系统公司的 IP 路由协议在其所有产品的基础上保障了提供高级 IP 服务的基础架构，即基于互联网工程任务组的标准开发，也是思科的创新成果在 IP 网络中提供了广泛的路由技术。所有这些技术的共同属性和任务是：可扩展性、可用性、可管理性、快速收敛性和高性能。

思科系统公司在 IP 路由领域的一个显著优势在于它可以在一台设备框架内或整个网络范围内与其他 IP 服务进行高度协议集成。这种集成使思科系统公司的路由协议能够超越单一通道的简单路由层面，并使用面向应用程序的方法来转发互联网流量。

思科研究的通信解决方案专为关键应用程序而设计，可满足国家和行业标准的要求，如联邦信息处理标准（FIPS）、通用标准和 IPv6 标准。此外，这些解决方案的设计符合对通信移动性提出的现代化要求。

作为使用思科信息技术的一个例子，美国政府可以用思科的现代化解决方案取代过时的紧急通信系统。这些解决方案提供了更加复杂和灵活的通信能力，在出现紧急状况或消除自然灾害和其他紧急情况，包括恐怖袭击的后果时，允许各政府机构联合工作。其中一个解决方案是 Cisco Meeting Place，由国防部［国防协同工具套件（DCTS）］认证。该解决方案是思科 IP 通信产品组合的一部分，能够快速响应紧急情况，特别是提醒公众利用大众媒体的广发功能。此外，提供的通信功能能够组织虚拟团队，并为控制中心提供收集和处理危机信息和危机监控的附加功能。所使用的通信工具能够在紧急情况下为各部门的联合工作建立便利的信息环境，确保在整个执行者链中关键信息实时、及时和可靠地传递。

1.4.3 移动解决方案

军事行动成功的重要先决条件之一是人员的移动性，在这种条件下，确保稳定和安全的通信是一项相当复杂的任务。

思科的移动解决方案基于无线智能信息网络的基础结构，包括高性能 LAN/Wi-Fi 和 WAN 服务。如图 1.14 所示。

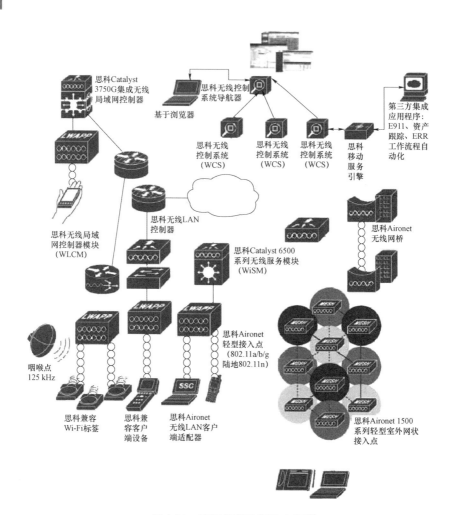

图 1.14 思科的移动解决方案[39]

思科移动为移动用户提供可用通信，无论他们使用何种设备和接入技术，移动 IP、IETF 标准（RFC 2002）都能够识别同一 IP 地址的主机设备，即使该设备变更了实际接入地点，从一个网络移动到另一网络。同时，当切换网络时，为用户保存不同实际接入点的通信，无须对其进行干预、设置等。此外还实现了从有线网络到无线网络或 WAN 网络的切换。移动 IP 为用户提供无处不在的通信，无论他们接入的是公司网络还是远程网络。

移动解决方案是扩展各层次部队管理能力的有效和有前景的方式，

能够保障对重要通信的访问，无论其位置如何。

移动解决方案的实施在与科研公司（SRC）的联合项目框架内完成。思科在北卡罗来纳州布雷格堡（美国陆军特种作战司令部的主要控制机构所在地）进行了战术通信可扩展移动架构的测试。

1.4.4　信息安全技术

保障信息安全是为了保障美国国防部的利益而使用信息技术最重要的任务之一。

思科在保障安全领域的综合建议能够在统一安全的基础架构中集成管理机制、硬件、身份识别服务、软件功能和应用程序。思科的产品涉及各类安全技术及服务、支持和培训，这能够保障所有业务（语音、视频、服务信息等）在国防部建立的联合信息环境中传输的安全性。

思科安全管理套件是安全管理应用程序的组合，可为管理和实施整个系统的安全政策创建更完善的环境。

思科安全管理套件包括思科安全管理器（CSM）模块以及安全监控、分析和响应系统。这套程序是功能强大的集成监控、配置和管理系统，旨在开发和实施数据监控规则。这套程序中规定的协作功能可以集中识别安全威胁并在全球范围内保护基础结构。思科安全管理套件提供了降低运营成本的机会。通过它，用户可以执行与信息安全政策相关的复杂的全球任务。这些应用程序简化了对自防御网络（SDN）自我保护网络策略的支持，可以更轻松地识别和预防新威胁，并且还可以灵活地适应不断变化的安全要求。

思科安全解决方案可防止未经授权的网络访问，最大限度地减少网络蠕虫和DoS攻击的威胁。此外，它们还包括经认证用于政府和军事应用程序中的商业级加密技术。这种保护网络资产的综合方法使军事组织能够最大限度地实现网络的不间断运行，同时最大限度地降低威胁的影响。

网络准入控制技术（NAC）专为所有获取网络资源的终端设备（PC、笔记本电脑、服务器、智能手机和PDA）提供可靠的保护，使其免受网络安全威胁。网络准入控制技术是一套解决方案，其基础是在思科系统支持下而实施的全行业首创精神。

NAC 使用网络基础架构来监控所有寻求获得网络资源的设备遵守安全策略的要求。

这种方式可以减少出现的安全威胁可能造成的损失。使用 NAC，只有遵守规定要求的安全终端设备（如计算机、服务器和 PDA）能够获得网络访问权限，不符合要求的设备其访问受到限制。这些功能以两种方式实现：

——基于思科控制准入（Cisco Clean Access）产品线的网络准入控制设备（NAC 应用技术），保障终端节点的离线检查服务器快速部署、有效管理并采取纠正措施。

——通过思科网络准入控制程序实现的网络准入控制架构（NAC 框架技术），将智能网络基础架构与 75 家领先的杀毒软件开发商以及安全和管理领域的其他软件的解决方案集成在一起。

网络准入控制方案如图 1.15 所示。

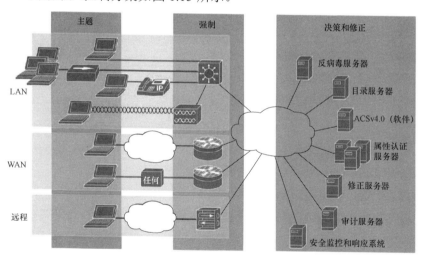

图 1.15　网络准入控制方案[40]

NAC 的实施具有以下优势：

——大大提高了任何网络的安全级别，无论其大小或结构的复杂程度如何。NAC 有助于监控所有用户网络设备是否遵守安全政策的要求。由于有针对蠕虫、病毒、间谍软件和其他恶意程序的预防性保护，网络管理员可以专注于预防，而不是响应措施。

——得益于广泛的认可、应用以及与领先开发商产品的集成，更有效率地开发思科现有的网络基础结构以及关于反病毒、安全和管理软件的投资项目。

——提高了工作稳定性和可扩展性，因为无论使用何种访问方法（其中包括路由器，交换机，无线、拨号访问，VPN），都可以检查和控制连接到网络的所有设备。

——不符合规定要求和非受控制的终端设备不会影响网络的可用性和用户工作效率。

——降低对不符合要求、不受控制和受感染系统的识别和恢复的相关运营成本。

1.4.5 数据处理中心和数据存储网络

国防部对数据处理中心提出了高要求，特别关注现有信息的完整性。

不同机构，特别是国防部作战部门使用数据处理中心的特点如下：

——由于其运作的特殊性导致信息安全的高风险和威胁性。

——同时，用户需要访问位于数据处理中心的各种应用程序和服务器，并生成大量各种格式的数据。

——数据来自网络管理、通信、情报收集、监视、地形勘察、数据传输系统（C^{4}ISR）的应用程序以及电子邮件，包括语音信息和视频图像传输的多媒体服务。

——数据的流量增加了保障高层次可访问性和安全性任务的难度，并导致成本大幅增加。

——国防组织及其数据处理中心对当前运营需求的关注经常会妨碍长期规划。

——产生了风险，旨在应对已出现问题的方法已占主导地位，而不是更有效地定位于预防方法。

——专注于解决当前国防组织的问题通常会导致建立具有独立功能的数据处理中心的异构结构复杂化。这种基础结构的碎片化使综合保障信息的安全性变得复杂。

思科数据处理中心的构架如图 1.16 所示。

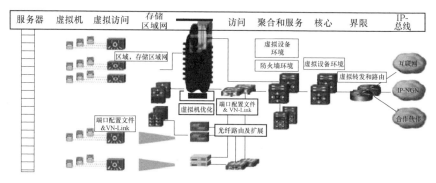

图 1.16　思科数据处理中心的构架[41]

其区分现代军事数据处理中心的三个主要问题如下：

——安全性：防止不断探查数据处理中心以发现安全系统弱点的外国情报机构获取机密数据；

——连续性和事故恢复：保护国防组织免受地震或计算机病毒等人为或自然灾害的影响，这些灾害可能突然破坏数据处理中心的运作；

——增加运营成本：用户对服务器空间、大量数据处理能力和使用大量数据的应用程序工作能力不断增长的需求，以及更快的处理器的高功耗等都需要增加运营成本；

为了解决这些与防御特点相关的问题，思科依赖更广泛地使用网络功能作为向用户提供应用程序的平台。这种方法能够建立数据处理中心的网络架构，能提高数据处理中心的运营稳定性、数据保护能力，降低成本并优化网络性能和可用性。

根据国防部的具体要求量身定制的思科解决方案用于以下几个方面：

——数据处理中心：由于军事数据处理中心是外国情报机构和强大网络攻击的优先目标，思科提供了一个安全的网络空间，能够整合每个物理或虚拟服务器的隔离信息环境。此外，安全系统还包括防火墙、入侵防护、DDoS 攻击防护以及交互式服务层面的保护。

——运营稳定性：数据处理中心是高风险对象，军事行动、恐怖主义行为以及自然灾害均可能导致其工作中断。思科解决方案通过协调多个数据处理中心的连接保障了运营稳定性,从而为军事行动提供了高度可靠的信息支持,并在必要时实现快速应急恢复。这些解决方案包括 FCIP–IP 网络中的光纤数据传输技术①、粗波分复用–CWDM②和密集波分复用–DWDM③。

——提高经济效益:思科数据传输网络所用的解决方案借助虚拟化技术有助于提高现有服务器的效率。虚拟化能在单个物理服务器上安装多个虚拟服务器。每个虚拟机都包含一个完整的系统,包括处理器、内存、操作系统和网络设备,并且与所有标准 X86 操作系统、应用程序和设备驱动程序完全兼容。在一台计算机上安装同时运行的多个操作系统和应用程序,可以减少空间需求、功耗,并减少冷却需求,以及采购、维护和升级服务器的时间投入。

思科技术包括最全面的网络产品方式和专注于优化数据处理中心基础结构的解决方案,如图 1.17 所示。

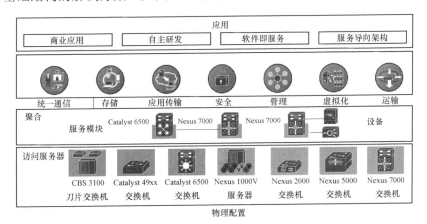

图 1.17　思科数据中心 3.0 框架[42]

① FCIP–IP 网络光纤数据传输技术(基于 IP 的光纤通道):用于距离小于 5 800 km 的数据的异步复制(自体复制),即比之前可实现的数量级多一个数量级。

② 粗谱复用–CWDM(粗波分复用):在不同载波频率下,在同一光纤上同时传输多个信息通道的技术。

③ 密集光谱多路复用–DWDM(密集波分复用):通过单根光纤在不同光载波(波长)上同时传输多达 160 个独立信息通道,增加密度波长复用。

思科的数据处理中心概念是统一体系结构,为数据处理中心的首要任务提供解决方案:整合资源,确保工作的连续性和安全性。同时使用服务导向的网络体系结构并提供计算资源,即服务(效用计算)的新技术:刀片服务器的使用、虚拟化的提供、Web 服务的主动使用和分布式计算机制(GRID)。数据处理中心的这种体系结构为网络管理员提供了各层面的全面安全策略和解决方案,有助于防止黑客攻击数据处理中心或限制攻击蔓延。

数据处理中心在智能网络的基础上构建,专注于对抗安全漏洞的直接威胁,此外,还提供了切换到现代网络系统(如自我保护网络)的能力。为帮助实施该体系结构的 IT 管理员,思科提供经试验和验证的参考架构、经验证的设计原则、标准配置模板以及使用思科合作伙伴的解决方案优化的模板,以降低风险,减少时间和成本投入。思科体系结构的灵活性使其能够实施最符合目标的交换、存储和软件技术,并为更高效地引入新服务和应用程序提供机会。思科数据处理中心的体系结构提供了保护重要应用程序和保密数据的方法,提高了数据处理中心的效率,并支持新信息流程的应用程序快速创造新的安全环境。利用自适应网络基础上的优质高效的数据处理中心,国防部的机构可以重新分配自身资源推动发展,并加快开发新服务的过程。

思科数据处理中心的体系结构包括三个层面(图 1.18):

图 1.18　思科数据处理中心的体系结构[43]

● 网络基础架构层包括 IP 网络基础架构、现代数据存储和数据处理中心准入设备。

● 交互式服务层包括安全保障设备、数据传输优化设备、管理和准入设备。

● 应用程序层包括存储虚拟化、数据复制和分发设备以及高级应用程序服务。

具有集成虚拟防火墙的安全区域为统一基础架构中的应用程序提供保护，如图 1.19 所示[43]。

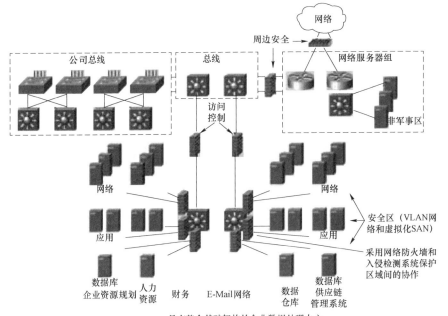

图 1.19　具有集成虚拟防火墙的安全区域为统一基础架构中的应用程序提供保护[43]

第 2 章 俄罗斯国防工业综合体中的信息技术现状和前景

2.1 信息技术产业发展领域的国家政策和国防工业综合体组织的信息化

2016 年 5 月中旬，俄罗斯联邦政府批准了《发展国防工业综合体》的国家计划。

政府在批准该计划的决议中指出，国防工业综合体领域国家政策的制定和实施，根据俄罗斯联邦总统十年内批准的国防工业综合体发展领域的国家政策基础和国防领域的联邦立法确定的目标、任务和优先发展方向进行。

国防工业综合体发展领域制定和实施国家政策的优先方向是：

- 向俄罗斯联邦武装部队、其他部队、军事编队和机构提供现代武器模型、军事和特种技术装备；
- 在国防工业综合体领域形成科技储备，实现国防工业综合体组织的技术现代化，以提高工业产品的质量和竞争力；
- 改进国防工业综合体组织的管理制度，其中包括建立国防工业综合体的一体化机构；
- 保障国防工业综合体的创新发展，促进工业领域的国际合作，发展国防工业综合体组织的人员潜力；

● 为国防工业综合体组织的运作提供信息和分析支持[44]。

根据上述计划中所述的国家政策的优先方向和目标，可以得出结论，作为促进实现预期成果最重要的因素，俄罗斯联邦政府将继续特别关注国防工业综合体组织的信息技术和信息化发展。

此前，2013年11月俄罗斯联邦政府法令批准的《2014—2020年俄罗斯联邦信息技术产业发展战略》和《2025年前远景战略》都阐述了国家对信息技术产业发展的态度[45]。

战略奠定了国家在行业综合发展领域进一步行动的基础，其中包括依靠行动参与者的相互协作。

战略确定了该行业的目标和主要发展方向，以及实现既定目标的机制和方法。

战略中信息技术行业所指的范围是开展下列活动类型的俄罗斯公司的组合：

——研发多个派生软件；

——提供信息技术领域的服务，特别是软件的定制研发，信息系统的设计、实施和测试，有关信息化问题的咨询；

——研发程序部分具有高附加值的软硬件系统；

——远程处理和提供信息，包括互联网信息通信网络上的站点。

战略的实施有助于保障信息安全和国家的高水平防御，包括依靠建立现代化设施应对和预防全球信息威胁。

关于协调在政府机构活动中使用信息通信技术行动的条例由2012年4月25日第394号俄罗斯联邦政府决议《改善政府机构活动中信息通信技术使用措施》批准。

根据该决议，信息化行动的协调旨在实现以下目标：

——确保信息化行动规划和实施时的统一性和总体性；

——通过使用信息技术提高行动效率；

——确保为开展信息化行动而分配的预算资金高效使用；

——通过采用项目管理原则以及采用信息化行动社会监督工具提

高信息化行动的实施效率；

——综合利用信息系统，包括依靠预算资金建立的信息通信技术、信息通信基础结构；

——完善信息系统，包括与信息通信技术、信息通信基础结构的兼容性。

信息化行动的协调基于下列基本原则完成：

● 确保在信息系统和信息通信基础结构组成部分的生命周期各个阶段对所有建立、发展、改进、运行的信息系统和信息通信基础结构进行核算，包括在信息系统和信息通信基础结构统一分类和识别系统的基础上对拟建和为达成目标实际消耗的设施进行核算；

● 在已核算的信息系统和信息通信基础结构组成部分方面，规划和实施信息化行动；

● 在建立、发展和改进信息系统时，使用国家算法和程序基金会中包含的电子计算机算法和（或）程序，把信息系统建立、发展和改进过程中研发的电子计算机算法和（或）程序列入国家算法和程序基金会。

根据该决议，为协调信息化行动，俄罗斯通讯与大众传播部对下列文件进行了评估：

——国家机构信息化计划草案；

——俄罗斯联邦国家计划草案、联邦目标计划、部门目标计划、战略、概念和（或）规定了长期优先方向和（或）与国家机构规定权限范围有关的信息化行动的其他文件；

——联邦法律草案、俄罗斯联邦总统备忘录草案、俄罗斯联邦政府文件草案、国家机构的文件草案，其中包括信息通信技术的使用，信息系统和信息通信基础结构的建立、发展、改进、运行方面的规定、监管文件。

上述文件包括国防工业综合体组织信息化进程监管方面与俄罗斯工业和贸易部规定权限范围有关的规范性法律文件的草案。俄罗斯工业和贸易部信息化计划草案也可包括国防工业综合体组织的信息管理系统。俄罗斯通讯与大众传播部对非国有、综合机构和国防工业综合体组织的信息化草案和计划批准事宜未做规定。

根据与该决议规定的标准相似的标准，评估国防工业综合体组织的信息化，但国家机构和地方自治机构的特有标准除外：

——具有与国防工业综合体信息化行动有关的既定目标指标和（或）规格；

——信息化行动符合俄罗斯联邦社会经济发展预测和计划中确定的优先方向和目标、专业理论、中长期概念和发展战略；

——信息化行动符合信息技术的优先发展方向；

——利用以前在信息化行动开展过程中取得的成果；

——文件中包括的信息化行动符合国防工业综合体组织的职能和任务；

——吸引预算资金用于实施合理的信息化行动；

——信息化行动所需的供货商品、完成工程和提供服务的数量和质量性能符合该行动的目标指标（规格）；

——信息化行动所需的供货商品、完成工程和提供服务的技术性能、数量和质量性能符合信息通信技术运用进程领域国际、国家和行业标准的规定。

为国家机构制订的信息化计划和实施报告编制条例不适用于国防工业综合体。相关文件需要由政府制定和批准，同时考虑到国防工业综合体的具体情况。

俄罗斯联邦政府2012年6月26日第644号决议批准了《联邦国家信息系统统计条例》（以下简称《条例》），该《条例》中规定在建立国家信息系统（这些信息系统依靠联邦预算和国家预算外基金会的资金建立和购置）的决策阶段，对信息化管理的信息—分析保障问题，依靠联邦行政当局和国家预算外基金会管理机构规划和实施的信息通信技术的使用，信息系统的建立、发展、改进和运行行动（包括运行所需的信息技术、技术设备和信息通信网络）进行监管，并统计信息化行动的结果，评估其成果性和效率、信息化行动的成果利用情况。

依靠联邦预算资金和国家预算外基金会的资金建立、发展、改进和运行的信息系统和（或）信息通信基础结构的组成部分是统计的对象，对这种结构化形式的统计对象，把其信息以电子文档的形式，按照信息系统和信息通信基础结构的组成部分统计方法指南中规定的格式存储在电子通行证中。

国家机构的方法指南由俄罗斯通讯与大众传播部编制并批准。

2016年1月，为了扩大对俄罗斯电子计算机和数据库软件的使用，俄罗斯通讯与大众传播部向电子计算机或数据库的软件版权所有者提供国家支持措施，建立了电子计算机和数据库使用方面的俄罗斯软件统一登记簿[46]。

俄罗斯软件统一登记簿运营商的官方网站根据2015年11月俄罗斯联邦政府决议[47]批准的《电子计算机和数据库使用方面的俄罗斯软件统一登记簿编制和录入规则》第14条第1段的规定建立。软件登记簿旨在扩大俄罗斯软件的使用范围，确认其来自俄罗斯联邦，并为软件版权持有者提供国家支持。这项工作在2015年6月29日第188号联邦法律规范的框架内实施，该规范规定了俄罗斯来源的软件的认证程序和条件，并建立了相应的登记簿[48]。

把提交的软件录入俄罗斯软件统一登记簿的申请书由俄罗斯通讯与大众传播部批准成立的俄罗斯软件审查委员会完成审查工作。

根据2015年11月16日俄罗斯联邦政府通过的第1 236号决议，自2016年1月1日起，客户将有义务使用俄罗斯软件统一登记簿中包含的软件，而限制以满足国家和市政需求的软件采购，但包含必要的功能、技术和操作特性的软件在登记簿中缺少时的情形除外[49]。

俄罗斯联邦总统令《俄罗斯联邦武装部队、其他部队、军事机构发展和建设的纲要及国防工业改革实施》中规定，使用先进技术，包括国外技术，打造优质产品[50]，建立武器、军事和特种技术装备从模型制造、设计到产品的系列化生产、投运和后续回收的全工业生产周期管理系统，以及旨在改善国防工业综合体组织经济活动管理的系统，以优化生产流程。

2012年6月1日，俄罗斯联邦安全委员会秘书Н·П·帕特鲁舍夫在演讲中指出:"在过去 30 年,由于一些主观和客观原因,我们的国防工业综合体已经错过了几个现代化改造阶段。在现阶段,俄罗斯不允许自己在这一活动领域落后其他领先国家。在未来十年,我们需要在整个主要军事技术领域取得突破并重获领导地位。"

考虑到目前和预测的国家安全方面的挑战和威胁,俄罗斯联邦总统为国防工业综合体确定了以下三项优先任务:

第一项任务是为海陆军提供全面、综合和平衡的革新装备。到 2020 年,现代化模型、全套设备和武器系统的比例应达到 70%。

这是指核威慑、航空航天防御、通信、侦察、控制和无线电电子战、航空、高精武器和个人装备设备。

第二项任务是形成先进的科技潜力,研发高科技、基础和关键技术,确保有竞争力的军用产品的研发。

第三项任务是在新技术基础上建立一个能够大规模生产优质模型、全套设备和武器系统、军事和特种技术设备的产业基地,且不逊于外国的类似基地。

总而言之,在未来十年,联邦预算将为这些计划提供前所未有的资金——超过 22 万亿卢布。这并不意味着我们的经济工业部门的军事化,相反,经过更新和技术改进的国防工业综合体的高效行动应成为确保冶金、机械制造、化学、无线电电子工业、信息通信技术等重要产业快速发展的关键因素。

目前,对国际和平与安全的主要威胁已转移到信息领域。信息和通信技术的高速发展、信息基础结构和信息环境的全球化是把双刃剑。在现代条件下,恶意利用信息和通信技术进行犯罪和恐怖主义的活动正在成为国际安全的真正威胁。然而,最严重的威胁是与可能使用所谓的"信息武器"相关的威胁,这种武器正在成为考验各国军事潜力的重要因素。

作为对传统战争手段的有效补充,在许多情况下,它甚至可以完全取代传统作战手段。越来越明显的是,针对某一国家恶意使用信息和通信技术会破坏其重要基础结构的正常运作,导致经济不稳定,使国家机构的基础受到破坏。在这种情况下，采取相应措施在全球信息环境中往往很难确定敌对行动的来源及其状态（国家或非国家），这使有效抵制恶意使用信息和通信技术的问题变得复杂。

在现代条件下，如果不加强信息领域的安全，就不可能有效地保障国家和国际安全与稳定[51]。

2.2 利用信息技术解决国防工业综合体中的一体化任务

建立联合国防工业综合体组织的信息系统是俄罗斯国防工业综合体现阶段信息技术发展最重要的任务之一。

这项工作正在积极开展。因此，在2016年1月，通过决议由联合仪表制造公司建立安全通信系统，该系统联合了1 000多家国防工业综合体的组织、多个政府部门，其中包括俄罗斯工业和贸易部、俄罗斯国防部。该系统旨在快速安全地交换机密信息，包括最高机密等级的信息。

该系统将支持现代企业所需的所有数据传输功能：IP电话、移动通信、视频会议、可信电子邮箱以及对信息计算资源的远程访问。计划将在联合航空制造集团、乌拉尔车辆制造厂、俄罗斯直升机公司、联合仪表制造公司等大型国防工业综合体企业内研发。

该系统具有跨部门性质，其任务是保障并保护数据传输的安全性，整合参与国家国防订单企业的信息系统。该系统能够简化文档流程，在国家国防订单框架内提高合同效率[52]。

除了建立联合国防工业综合体组织的信息系统外，还必须整合国防工业综合体组织中现有的信息系统和自动化工作站。解决这一复杂和大规模任务的系统方法如图2.1所示。

目前国防工业综合体组织的信息系统整合水平明显不足，企业更专注于自身的本地化发展目标或使用现有的独立标准解决方案。

国防工业综合体企业使用信息技术的特点将在后续章节中详细讨论，其中介绍了在2012—2014年研究的基础上对该问题进行分析的结果。

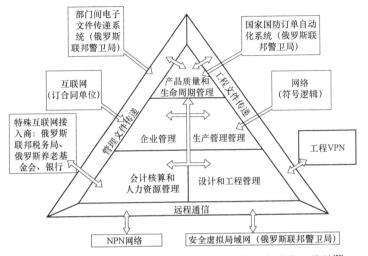

图 2.1　整合国防工业综合体组织的信息系统和自动化工作站[53]

2.3　国防工业综合体中使用信息技术的实践分析

2.3.1　工作站自动化水平

对工作站自动化水平的分析表明，国防工业综合体企业管理人员和工程技术人员的装备水平，倾向于增加设备，改进技术，使专业自动化工作站发生质的变化。100名工程技术和管理人员平均配有80多台个人计算机和自动化工作站。

国防工业综合体企业个人计算机的功能已经远远超过了电子打字机和计算器的典型任务。计算机已广泛用于各种用途的信息系统中。与此同时，企业环境中的计算机和自动化工作站数量也有很大差异：从几千个工作站到数个单元。

2.3.2　在国防工业综合体的信息系统中自动化工作站的功能机构

2012年，500多家国防工业综合体的组织使用了超过242 302个自动化工作站和超过5 334个信息系统和子系统，其中许多作为集成自动控制系统的一部分运行。如今，自动化工作站是国防工业综合体产品生命周期中不可或缺的组成部分。

根据其功能和目的，这些信息系统和自动化工作站可以分成七类，对应国防工业综合体组织的主要自动化任务（图 2.2）。

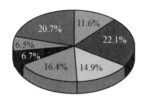

图 2.2　在国防工业综合体的信息系统中自动化工作站的功能结构

2.3.3　国防工业综合体各行业中自动化工作站的数量

在实施制裁前，截至 2014 年，国防产业综合体组织专家对国防工业综合体各行业是否使用功能性自动化工作站及其使用动态进行评估。

大多数自动化工作站用于航空业。2012 年，该行业运行的专业自动化工作站数量超过 104 000 个，2014 年已超过 143 000 个。

在造船业中，有超过 64 000 个自动化工作站在运行，其中超过 26 000 个（40%）属于兵船修造厂。该企业使用自己研发的一体化信息系统"将军"，连接 1 300 多台计算机，每台计算机都有几个不同的工作站。如果没有此系统，在造船业中自动化工作站的使用水平显著降低，并且自动化工作站的数量增长率最低。

2012 年，电子、无线电和通信业有近 43 000 个自动化工作站运行，2014 年，其数量为原来的近 1.6 倍，超过 68 000 个，但这些指标是该行业大量企业努力的结果。

其他行业自动化工作站的数量增长速度最快，主要是军需品、特种化学和常规武器行业，这主要是由于初始水平较低的缘故。

因此，2011—2014 年国防工业综合体各行业的自动化工作站数量增长率很高，但航空业与国防工业综合体其他行业之间在工作站自动化水平上的差距仍然存在（图2.3）。

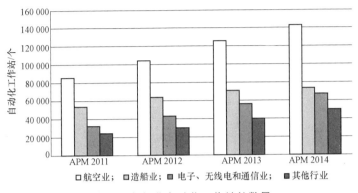

图 2.3 各行业自动化工作站的数量

2.3.4 信息系统的使用效率

根据国防工业综合体组织专家的评估结果，近三分之二的信息系统对企业效率影响很大。与此同时，运营成本一般不高于平均水平，这表明自动化工作站的盈利能力相当高。

企业自身根据具体情况研发或调整的信息系统和自动化工作站，通常具有低成本和高效率。

自动化工作站的效率在很大程度上取决于其使用的组织。超过一半的国防工业综合体组织拥有独立的 IT 部门，但只有 7.3% 的决策人员是信息技术领域的专家。因此，许多组织的信息通信技术资金支持减少，各部门的战略发展和互动是在没有使用适当的信息支持和采取产品生命周期信息化行动的情况下完成的。

在不考虑制裁的情况下，虽然主要外国制造商的信息系统成本高昂，但如果对企业效率产生很大影响，那么采用这些信息系统还算合理。成本相对低的国产信息系统在对企业效率产生中等影响的情况下更利于使用（图2.4），根据国防工业综合体组织专家的评估利用信息系统的效率统计如图2.5所示。

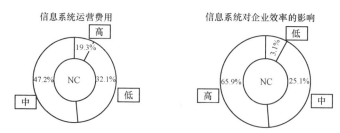

图 2.4 成本相对低的国产信息系统在对企业效率产生中等影响的情况下更利于使用

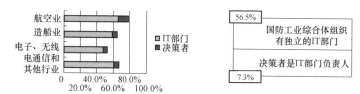

图 2.5 根据国防工业综合体组织专家的评估利用信息系统的效率统计

为了加速复制和应用最有效的标准自动化工作站,应向国防工业综合体组织通报现有已批准的解决方案。建立国防工业综合体信息系统在线目录,有助于提高有关信息通信技术的发展和解决方案的可靠性。

此外,2016年以扩大俄罗斯电子计算机和数据库程序的使用而建立的电子计算机和数据库所用的俄罗斯程序统一登记簿,以及电子计算机和数据库程序分类器的研发将有助于解决这项任务。

2.3.5 网络技术的使用

如果不使用网络技术,工作站的高效自动化无法实现。国防工业综合体组织76%的计算机接入提供工作站交互的本地计算机网络(图2.6)。

国防工业综合体组织中有19.8%的行政管理人员和工程技术人员能够访问互联网,他们仅受信息安全要求的限制。绝大多数组织都有公司网站和电子邮箱地址。互联网已成为支持国防工业综合体组织活动的主要通信媒介。

使用约束分布式网络和云技术的主要原因在于保护现行信息的标准和要求。阿斯孔股份公司的云自动化设计系统已被外国机构成功使用，而许多过时的标准和规范国内企业禁止使用。

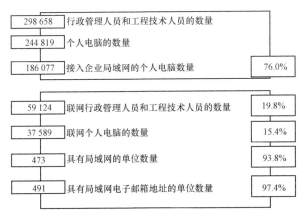

图 2.6 国防工业综合体组织使用网络技术

这要求为国防工业综合体组织制定通信交互方面的新机制和规则，同时要考虑到信息安全。特别是俄罗斯工业和贸易部管辖的国防工业综合体组织必须使用俄罗斯国防部的秘密技术通道和通信设施，这能够使它们与转移到俄罗斯工业和贸易部管辖的维修组织的部队保持业务联系，并确保它们与军用技术装备制造商的协作。

2.3.6 软件的使用

在软件使用领域，在国防工业综合体组织中，微软公司的通用系统软件占主导地位。这首先是由 Windows 管理下运行的信息系统的要求决定的。超过三分之一的已安装操作系统需要更新。有一种趋势是将免费办公文件包 Libre Office/Open Office 更换为与大多数信息系统兼容的 Microsoft Office 2010（图 2.7）。

目前，信息通信技术发展的大部分支出用于购买软件。更新购买，Microsoft 通用系统软件所需的许可证需要额外的费用支出，这制约了自动化工作站的发展。因此，通用系统软件与领先的国内外制造商生产的信息系统的兼容性问题突出。

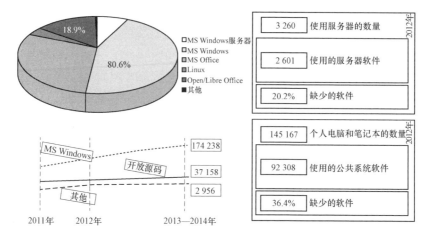

图 2.7 国防工业综合体组织中使用的软件

遗憾的是,目前几乎没有能够在具有 Linux 操作系统的个人计算机上运行的全功能自动化工作站,而 Linux 操作系统是国家软件平台和武装部队所用的国产计算机的基础。

国防工业综合体组织规定变更工作站自动化技术的政策,如果不研发和实施应用云计算的信息化概念,就无法广泛使用基于 Linux 的国家软件平台组件。否则,Microsoft 软件和 Intel 处理器的进口替代将数年内无法实现。

2.3.7 信息通信技术的费用

2012 年,452 家国防工业综合体组织的信息通信技术总资金额为 76 亿卢布。2013 年,达成这些目标需要 108 亿卢布,其中包括弥补 2012 年的资金不足。与 2013 年相比,2014 年有 114 家国防工业综合体企业减少了信息通信技术的融资金额(图 2.8)。

作为生产过程不可分割的一部分,为应用和运行自动化工作站,且考虑到汇率的急剧变化,信息通信技术的成本应该高得多。目前,在信息通信技术方面的减省降低了国防工业综合体的效率和竞争力。

用于信息通信技术费用的大幅增长的财政资金几乎耗尽。有效地使用分配的资金是必要的。2012 年,超过三分之一的费用用于购买软件。其份额在 2013 年和 2014 年增加到 35%。大约 30% 的资金用于购买计算技术设备。通信服务和信息安全的费用要低得多。

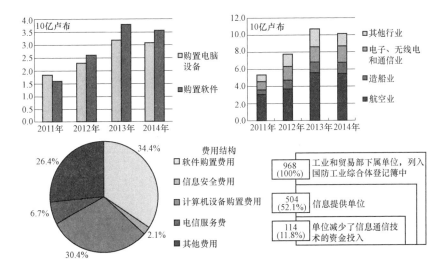

图 2.8 国防工业综合体组织的信息通信技术

2.3.8 各类自动化工作站的使用

超过 94.2% 的国防工业综合体组织使用会计核算自动化工作站，约 79.2% 的组织使用人员管理自动化工作站。这是由保障商品材料价值和人事统计方面的规范化要求决定的。达成这些目标的系统最常使用 1C 股份公司的软件产品。44.8% 的组织将自动化工作站用于管理财务资源，44.6% 的组织将自动化工作站用于计算产品成本和支出费用（表 2.1）。

表 2.1 国防工业综合体组织对各类自动化工作站的使用

自动化工作站类型	占比/%	自动化工作站类型	占比/%
会计核算	94.2%	生产和销售计划	31.5%
人员管理	79.2%	业务生产规划	26.6%
设计	69.0%	调度和监测	23.6%
财务管理	44.8%	生产过程业务管理	20.2%
计算产品成本和支出费用	44.6%	工艺过程控制	18.5%
仓储管理	42.7%	视频会议通信	15.9%
生产的工艺准备	41.9%	从开发到回收的产品生命周期管理	14.5%
采购管理	40.5%	IP 电话	12.9%
库存管理	39.9%	设备技术维护服务管理	11.9%
工程分析与模拟	38.1%	材料和配套零部件运输管理	11.1%
文件传递和公文处理	37.9%	质量管理	10.9%

续表

自动化工作站类型	占比/%	自动化工作站类型	占比/%
销售管理	37.5%	成品运输管理	9.9%
计算材料和配件的需求	36.1%	维护服务管理	8.1%
工程文件传递	31.7%		

在工程和生产自动化工作站中，只有设计系统被广泛使用。大约70%的国防工业综合体组织使用该系统。俄罗斯国内最常用的是阿斯孔股份公司的国产自动化设计系统。运用国外自动化设计系统的数量要少得多，而且价格也要高得多。

在缺乏引进、使用和监测自动化工作站目标指标、统计记录的情况下，具有确保产品生命周期所必需的其他功能的系统没有得到足够的重视。自动化工作站很少用于服务管理（约8%的企业使用），也很少用于成品管理、材料和配件的运输、设备维护和质量管理。

由于需求低，这种标准系统发展缓慢，其成本往往过高。因此，国防工业综合体企业被迫使用自己的研发成果。

为了促进标准自动化工作站的发展和运用，应定期向国防工业综合体组织通报在相应行业使用自动化工作站的可行性和经验。

2.3.9 质量管理自动化工作站的使用

质量管理自动化工作站是产品生命周期管理系统的重要组成部分。2012年，73家国防工业综合体企业使用了近2 500个质量管理自动化工作站——不到所有自动化工作站的1%。

与此同时，在12家造船企业中有1 600个自动化工作站，其中大多数在兵船修造厂。在24个航空业组织中使用了540个自动化工作站。在国防工业综合体的其他部门，使用自动化工作站的数量明显减少（图2.9）。

到2014年，在国防工业综合体的大部分行业中，质量管理自动化工作站的数量为原来的1.8~2.1倍。在造船行业，其数量没有明显变化。

总体来说，标准生产管理系统并不专注于质量管理，其中经常使用基于1C公司的BaaN的自动化工作站和Omega Production，还使用Рекламация分析信息系统和规范化技术文件系统。

图 2.9　质量管理自动化工作站的使用

大多数质量管理自动化工作站由国防工业综合体组织自主研发，包括基于 Microsoft Office 的研发。

2.4　国防工业综合体组织在工作中对信息技术的使用

2.4.1　信息通信基础结构的使用

国防工业综合体组织信息通信技术的主要组成部分是个人计算机，它不仅用于数据访问和可视化，还用于处理数据。在许多组织中，个人计算机甚至用于数学建模和工程分析。

表 2.2 列出了国防工业综合体组织中个人计算机（工作站）使用情况的综合数据。

表 2.2　国防工业综合体组织中个人计算机（工作站）使用情况的综合数据

参数名称	2011 年	2012 年	2013 年	2014 年
拥有个人计算机（工作站）的组织数量/个	487	497	486	469
个人计算机（工作站）的数量/台	218 857	242 302	248 018	255 615
组织中的个人计算机的平均数量/台	449	486	510	545
折算为组织相同数量的个人计算机保有量的增长率/%	—	108.1	105.1	106.8

从表 2.2 可以看出，国防工业综合体组织中的个人计算机平均数量达到 500 台，并且每年增加 5%～8%。

这首先是因为个人计算机的保有量与国防工业综合体改革期间组织的行政管理和工程人员组成的变化直接相关。此外，在一些情况下，几个自动化工作站同时在一台个人计算机上运行；而在另一些情况下，每个人使用两台计算机：一台在本地网络中工作，另一台联网工作。在许多情况下，联网使用笔记本电脑和其他便携式计算机。

2012—2013 年国防工业综合体组织计算机设备的结构和组成变化见图 2.10。

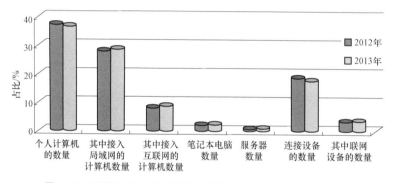

图 2.10 国防工业综合体组织计算机设备的结构和组成变化

从图 2.10 可以看出，2013 年计算机设备的结构没有明显变化。2012 年无线移动计算机与个人计算机的比例为 6.2%，2013 年增加到 6.6%。移动设备的广泛使用受到信息安全要求的限制。

个人计算机的复制也受到信息安全要求的限制。因此，60% 的国防工业综合体组织使用多用户个人计算机为某些等级的员工联网。这样，为大多数国防工业综合体组织提供计算机而不涉及信息安全的问题已不再迫切需要解决。

服务器的比例相对较小。2012 年，42 个工作站配备 1 台服务器；2013 年，39 台个人计算机配备 1 台服务器。

在现有的 25 万台个人计算机的 497 个组织中，76% 的个人计算机连接到局域网，即超过 185 000 个工作站在运行。超过 90% 的国防工业综合体组织使用局域网。此外，20%的外围设备入网，到 2014 年，其比例几乎翻了一番。

局域网不仅是计算机设备，而且是整个工业信息系统的必要交互手段。

超过 98%的国防工业综合体组织和 15.4%的工作站联网。大多数工作站根据信息安全的要求无法联网。

图 2.11 显示了国防工业综合体组织用于联网的通信渠道结构。

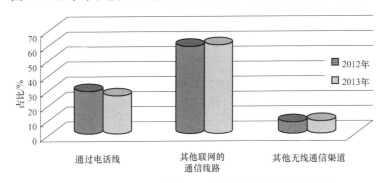

图 2.11 国防工业综合体组织用于联网的通信渠道结构

从图 2.11 可以看出，2012 年，国防工业综合体组织大约 30%的联网通信渠道是电话线。无线通信渠道使用比例低于 10%。

国防工业综合体组织交互的网络通信基础结构的基础是由互联网提供商提供的专用通信线路，主要是光纤。这占联网通信所有渠道的 60%以上。2013 年，计划使用带宽更大的专用通道代替 3%的电话通信渠道。

国防工业综合体组织的联网通信信道的总带宽达到每秒 8 000 兆比特。超过 93%的组织拥有网站，超过 97%的组织拥有互联网电子邮箱地址。近 20%的管理和工程技术人员，即大约 6 万人能上网。到 2014 年，联网通信信道的总带宽增加 1.5 倍。

对联网通信信道的带宽需求增加表明，互联网是支持国防工业综合体组织活动最重要的通信手段，但不能超出法律监管的范围。

2.4.2 通用系统软件的使用

2012 年,主要使用 Microsoft 通用系统软件。2012 年,MS Windows 个人电脑操作系统的份额达到了 80%。这首先是由通常在 MS Windows 控制下运行的信息系统的要求决定的。国防工业综合体组织个人计算机的操作系统结构如图 2.12 所示。

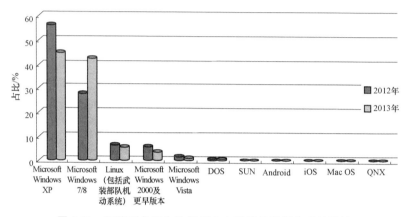

图 2.12 国防工业综合体组织个人计算机的操作系统结构

从图 2.12 可以看出,2012 年,56.9%的个人计算机操作系统是 Microsoft Windows XP。到 2014 年,其份额降至 45.2%。这是因为 Microsoft Windows 7/8 取代 MS Windows XP 的缘故,Microsoft Windows 7/8 的份额从 2012 年的 28.1%增加到 42.9%。MS Windows 2000 和早期 Windows 操作系统的份额从 6%降至 3.8%。到 2014 年,未完全研发成功的 Microsoft Windows Vista 的份额从 1.6%下降到 1.1%。

超过三分之一的已安装的操作系统需要更新。大量费用用于购买升级通用系统软件所需的许可证,这制约了自动化工作站的发展。

根据国防工业综合体组织的评估结果,2012 年基于 Linux(包括武装部队机动系统)的操作系统比例为 6.4%,到 2014 年略有下降。所有其他操作系统的累计份额不超过 1%。武装部队机动系统和其他替代 MS Windows 操作系统的缺点是领先的国外信息系统制造商的系统不兼容或支持有限。

国防工业综合体组织个人计算机的服务器操作系统的结构如图 2.13 所示。

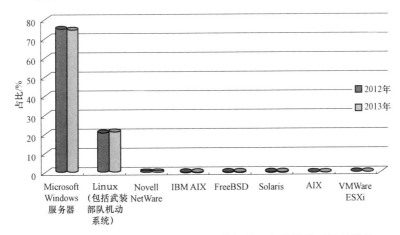

图 2.13 国防工业综合体组织个人计算机的服务器操作系统的结构

从图 2.13 可以看出，在实施制裁之前，各种版本的 Microsoft Windows Server 占服务器操作系统的份额大约 75%。

基于 Linux 的服务器操作系统的份额约为 22%，由于通用系统软件与国内外领先制造商应用信息系统的兼容性问题，其他所有服务器操作系统的份额不超过 3%。到 2014 年，基于 Linux 的操作系统的份额略有增加。

因此，通用系统软件与国内外领先制造商的信息系统的兼容性问题突出。武装部队机动系统主要用于国家订货框架内。

Microsoft 的唯一潜在竞争对手是 1C 股份公司，该公司为国防工业综合体组织设计的许多应用信息系统可以在 Linux 下运行。但是，如果一台计算机上有多个自动化工作站，则所有这些工作站都应在 Linux 下运行。

国防工业综合体组织使用的办公软件结构如图 2.14 所示。

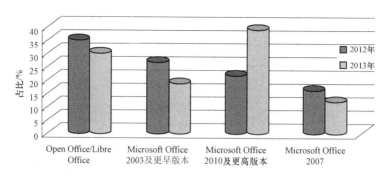

图 2.14　国防工业综合体组织使用的办公软件结构

从图 2.14 可以看出,在实施制裁之前,国防工业综合体组织倾向于使用与大多数信息系统不兼容的免费办公软件 Open Office / Libre Office 更换为 Microsoft Office 2010。2013 年,免费办公软件的比例从 35%已经下降到 30%。Microsoft Office 2007、2003 及早期版本的总份额在具有必要的资金支持时,从 2012 年的 43.3%降至 2013 年年底的 30.8%。

由此可以看出,如果不对技术政策、软件兼容性和虚拟化技术的引入做出根本性改变,在不久的将来,在国防工业综合体组织中就无法广泛使用基于 Linux 的国产软件平台组件。

2.5　国防工业综合体组织在工作中对信息系统的使用

根据从近 500 家国防工业综合体组织得到的信息,只有 1%的组织完全没有使用信息系统(以下简称系统)。有些企业仅有会计系统,但大多数企业拥有数个不同用途的系统。

国防工业综合体组织使用信息系统和自动化工作站的综合数据参见表 2.3。

表 2.3　国防工业综合体组织使用信息系统和自动化工作站的综合数据

参数名称	2011 年	2012 年	2013 年	2014 年
提交使用有关信息系统的组织数量	482	491	482	468
信息系统的数量	4 715	5 334	6 021	5 901
自动化工作站的数量	197 194	242 302	295 820	336 773

续表

参数名称	2011年	2012年	2013年	2014年
其中包括2012年运行的信息系统中的数量	196 576	242 302	274 079	300 046
2012年之后实施的信息系统中的数量	—	—	21 741	36 727
组织中信息系统的平均数量	9.78	10.86	12.49	12.61
组织中自动化工作站的平均数量	409.12	493.49	613.73	719.60
折算为组织相同数量的信息系统数量的增长率/%	—	111.0	115.0	101.0
折算为组织相同数量的个人计算机保有量的增长率/%	—	128.7	117.2	109.5
折算为组织相同数量的自动化工作站数量的增长率/%	—	120.6	124.4	117.3
其中包括现行信息系统的增长率/%	—	120.6	115.2	112.8

从表 2.3 可以看出，没有使用虚拟化技术，个人计算机总数的增长速度曾经比信息系统数据增长速度更快。近几年，个人计算机保有量的增长速度正在放缓，自动化工作站的数量增长更快。

2013 年信息系统数量增幅最大，这表明了国防工业综合体组织对信息系统的需求增加。2014 年，由于许多国防工业综合体组织没有配置用于实施新信息系统的软件产品数据，信息系统数量的增长率大幅降低。这表明许多组织对特定功能的新信息系统，没有指定软件产品的名称和制造商。

制造商定期发布处理器和其他计算机设备的生产计划。信息系统所需的软件产品的计划发布频率较低，而且往往无法评估其在特定行业中使用的可行性和效率。

因此，为了促进信息系统的实施，应定期和无偏见地向国防工业综合体组织通报在国防工业综合体相关行业中使用信息系统的可行性和经验。

国防工业综合体组织中信息系统的集成功能构成见图 2.15。

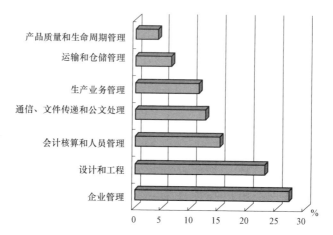

图 2.15 国防工业综合体组织中信息系统的集成功能构成

从图 2.15 可以看出，使用最多的信息系统是企业管理信息系统，其总份额为 27%。这主要是因为企业管理信息系统的集成组包括不同用途的最大数量的系统：

- 财务管理；
- 生产和销售计划；
- 采购管理；
- 计算材料和配件的需求；
- 库存管理；
- 计算产品成本和费用；
- 销售管理。

设计和工程信息系统，包括设计、工程分析和建模，以及生产的技术准备，其信息系统的份额为 23%。同时，设计系统（自动化设计系统）的份额略高于 11%，在 24 个独立信息系统功能组中份额最高。

控制产品的质量和生命周期，包括控制服务的国防工业综合体信息系统的比例最低（4%）。

按信息系统集成功能组统计的国防工业综合体组织中自动化工作站的平均数量参见图 2.16。

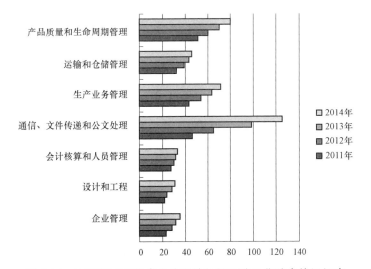

图 2.16 按信息系统集成功能组统计的国防工业综合体组织中
自动化工作站的平均数量

从图 2.16 可以看出，自动化工作站的最大平均数量用于通信、文件传递和公文处理。2012 年为 65 个，而在 2014 年增加到 126 个，这是因为在向电子文件管理过渡的过程中需要包括各个组织单位的工作人员。

产品质量和生命周期管理自动化工作站的平均数量从 2012 年的 60 个增加到 2014 年的 81 个，这是由于需要提高产品和服务的质量，以及俄罗斯总统于 2005 年 5 月 7 日发布的第 603 号法令，规定建立从研发到回收生命周期的武器、军事和特种技术装备系统。

国防工业综合体组织中自动化工作站的扩大功能结构参见图 2.17。

从图 2.17 可以看出，通信、文件传递和公文处理自动化工作站的增长率比其他工作站快得多。这些自动化工作站的增长率明显快于其他工作站，2014 年达到 30%。会计核算和人员管理的自动化工作站增长率最小，这些工作站在国防工业综合体的大多数组织中已经存在。

2012 年国防工业综合体组织中自动化工作站接入信息系统的结构参见图 2.18。

如图 2.18 所示，在所有系统中，除产品质量和生命周期管理信息系统外，本地化访问占优势。离线自动化工作站主要在设计和工程信息系统中运行，这通常是由其专业性和保密性决定的。在这些信息系统中，能够远程访问的自动化工作站的比例最小。

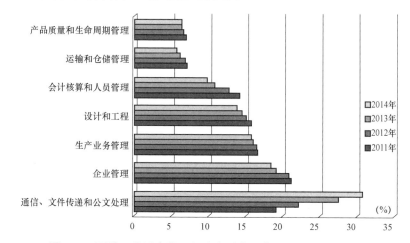

图 2.17　国防工业综合体组织中自动化工作站的扩大功能结构

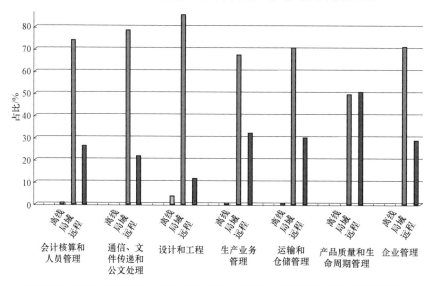

图 2.18　2012 年国防工业综合体组织中自动化工作站接入信息系统的结构

2012 年国防工业综合体组织中自动化工作站信息系统的数据交换见图 2.19。

如图 2.19 所示，在所有信息系统中主要是内部交换，外部交换仅用于产品质量和生命周期管理，以及通信、文件传递和公文处理。

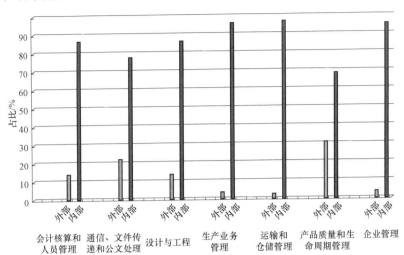

图 2.19　2012 年国防工业综合体组织中自动化工作站信息系统的数据交换

对国防工业综合体组织中使用信息系统情况的分析表明，随着生产过程的自动化，信息系统数量的增长将放缓，并且由于员工覆盖范围的扩大，自动化工作站的数量将增加。这是因为自动化工作站是信息通信技术对劳动生产率和企业效率影响的主要因素。与此同时，个人计算机保有量的增长明显变慢。

2.5.1　会计核算和人员管理信息系统

在国防工业综合体各组织内，和设计信息系统一样，会计核算信息系统占的份额较大（8%），其原因是标准化要求和该系统有多年的运营经验。近期，会计核算信息系统常与人员管理信息系统集成运用。

国防工业综合体组织中会计核算信息系统和人员管理信息系统的结构见图 2.20。

从图 2.20 可以看出，与会计核算信息系统相比，人员管理信息系统尚未充分普及，且在国防工业综合体的小型组织中人事记录尚未实现自动化。

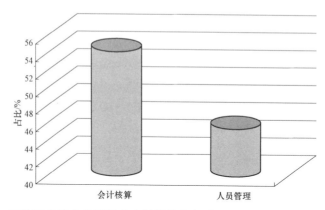

图 2.20　国防工业综合体组织中会计核算信息系统和人员管理信息系统的结构

国防工业综合体组织中会计核算信息系统和人员管理信息系统的平均数量见图 2.21。

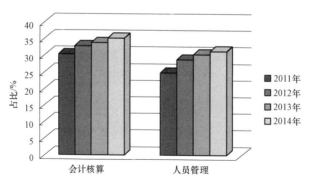

**图 2.21　国防工业综合体组织中会计核算信息系统和
人员管理信息系统的平均数量**

从图 2.21 可以看出，2012 年两个信息系统中自动化工作站的平均数量增长最多。在会计核算信息系统中，自动化工作站从 30 个增加到 33 个，在人员管理信息系统中，自动化工作站从 25 个增加到 29 个。在接下来的两年里，增加量不大，分别增加到 35 个和 31 个自动化工作站。在两个信息系统中，自动化工作站的平均数量几乎相同，这是因为在许多使用工资和人员统计集成系统的组织中，相关部门的所有员工都可以访问它，且更改数据的权力受内部规定和系统设置约束。

国防工业综合体各组织的会计核算信息系统和人员管理信息系统

中自动化工作站的结构见图 2.22。

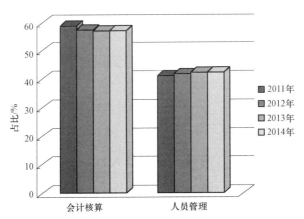

图 2.22 国防工业综合体组织的会计核算信息系统和
人员管理信息系统中自动化工作站的结构

从图 2.22 中可以看出,在国防工业综合体各组织的会计核算信息系统和人员管理信息系统中,自动化工作站的比例关系十分稳定。

在会计核算信息系统和人员管理信息系统中最常见的是 1C 股份公司的产品。外国信息系统的数量要少得多,且价格也较高。

超过 70% 的会计核算和人员管理自动化工作站应用于国防工业综合体各组织的局域网中,超过 25% 的为远程访问模式,自主式自动化工作站不足 1%。

超过 85% 的会计核算和人员管理自动化工作站在组织内交换数据,约 14% 的进行外部数据交换。

会计核算信息系统和人员管理信息系统对国防工业综合体各组织效率的影响见图 2.23。

从图 2.23 可以看出,会计核算信息系统对国防工业综合体各组织效率的影响多半是较大或中等,而人员管理信息系统的影响则较大。这是因为会计核算信息系统旨在完成统计任务,而财务规划与管理系统被列入企业管理信息系统组。

目前,人员管理信息系统不仅提供人事统计,还管理培训并提高员工的技能,这从本质上影响了国防工业综合体各组织业务的效率。

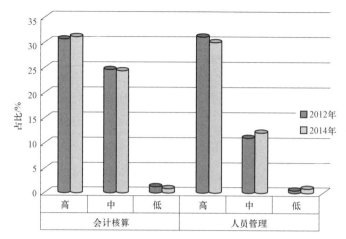

图 2.23　会计核算信息系统和人员管理信息系统对
国防工业综合体各组织效率的影响

国防工业综合体各组织的会计核算信息系统和人员管理信息系统的运营费用如图 2.24 所示。

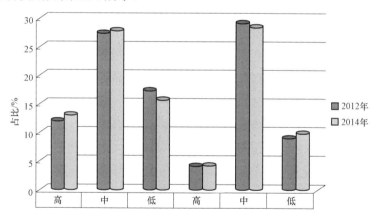

图 2.24　国防工业综合体各组织的会计核算信息系统和
人员管理信息系统的运营费用

如图 2.24 所示，会计核算信息系统和人员管理信息系统的运营费用多半是平均的。使用外国会计核算信息系统（如 SAP）时，会产生较高费用。这是因为此类系统的许可证和维护成本较高。

2012 年 5 月 7 日俄罗斯联邦第 603 号总统令规定，俄罗斯为保护个人数据并考虑制裁的标准化要求和技术要求的特点，应合理关注国内开发商的会计核算信息系统和人员管理信息系统，例如 1C 股份公司的产品。

2.5.2 通信、文件传递和公文处理信息系统

国防工业综合体各组织用于通信、文件传递和公文处理的自动化工作站的数量增长最快，这是因为要把纸质文档转换为电子文档进行传递的必要性所致。

这些信息系统可以提供以下便利：

- 行政文件传递；
- 工程文件传递；
- IP 电话；
- 视频会议。

2012 年，在国防工业综合体各组织的通信、文件传递和公文处理信息系统的结构如图 2.25 所示。

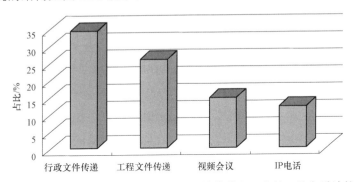

图 2.25 国防工业综合体各组织的通信、文件传递和公文处理信息系统的结构

如图 2.25 所示，通信、文件传递和公文处理信息系统的三分之一是行政文件传递信息系统，其占比超过 34%。工程文件传递信息系统占比超过 25%。超过 14% 的信息系统是视频会议信息系统。它们的主要优点是能够显示文档和视频材料，并可对其进行实时讨论。

IP 电话信息系统和其他文件传递和公文处理信息系统的占比超过 12%，后者包括向税务机关、退休基金会、统计机构寄送报告的信息系

统,其他加密发送的电子文件以及电子档案等信息系统。

因此,在国防工业综合体各组织中,超过72%的通信、文件传递和公文处理信息系统用于文件传递和公文处理,约有27%的用于语音和视频通信。

国防工业综合体各组织的通信、文件传递和公文处理信息系统中的自动化工作站的平均数量见图2.26。

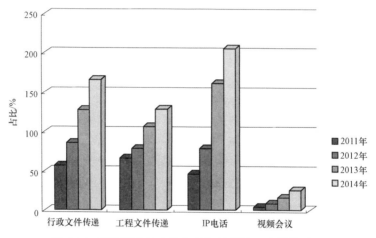

图2.26 国防工业综合体各组织的通信、文件传递和公文处理信息系统中的自动化工作站的平均数量

如图2.26所示,IP电话的自动化工作站平均数量的增长最快。IP电话的推广实现了向统一的数据传输通信基础设施的过渡,并降低了长途和国际电话通信的成本。2011年在100个IP电话信息系统中平均有47个自动化工作站,2012年为80个,2014年超过200个。

这是因为随着覆盖员工数量的增加,增加自动化工作站的数量和提高IP电话效率的成本最低。

国防工业综合体各组织的通信、文件传递和公文处理信息系统中的自动化工作站的结构见图2.27。

从图2.27可以看出,2012年超过45%的自动化工作站用于行政文件传递。尽管用于工程文件传递的自动化工作站数量大幅增长,但其占比却在下降。

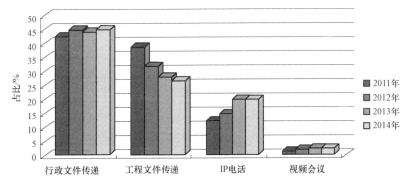

图 2.27　国防工业综合体各组织的通信、文件传递和公文处理信息系统中的自动化工作站的结构

用于 IP 电话和视频会议的自动化工作站的数量增长最快，2013—2014 年，增幅超过 1.5 倍。尽管如此，用于视频会议的自动化工作站的占比仍然很小，因为此类信息系统的成本明显高于 IP 电话。

通信、文件传递和公文处理自动化工作站对国防工业综合体各组织业务效率影响的评估见图 2.28。

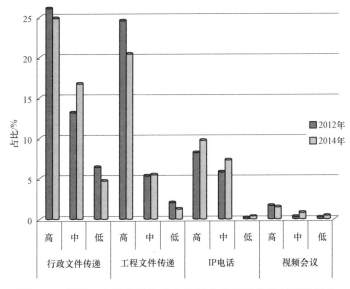

图 2.28　通信、文件传递和公文处理自动化工作站对国防工业综合体各组织业务效率影响的评估

从图 2.28 可以看出，整体上自动化工作站对国防工业综合体各组织业务效率的影响较大。考虑到自动化工作站的占比，行政文件传递信息系统的影响最大。2014 年情况没有变化。与此同时，在占比小得多的情况下，用于工程文件传递的自动化工作站对国防工业综合体各组织业务效率的影响也较大。可惜的是，这些自动化工作站的推广速度（到 2014 年为 1.5 倍）并不像行政文件传递和通信系统的推广速度那么快。

国防工业综合体各组织的通信、文件传递和公文处理自动化工作站的运营成本评估见图 2.29。

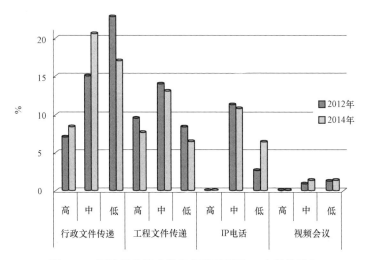

图 2.29　国防工业综合体各组织的通信、文件传递和公文处理自动化工作站的运营成本评估

如图 2.29 所示，国防工业综合体各组织的通信、文件传递和公文处理系统的运营成本大体上是平均的。

2012 年，用于行政文件传递的自动化工作站的运营成本较低，但随着数字签名的使用，其占比明显减少。

此外，随着 IP 电话的完善和成本的降低，此类低成本的自动化工作站的占比将增加。现在它们还是中等成本。

因此，用于通信、文件传递和公文处理的自动化工作站是国防工业综合体各组织中信息通信技术部分增长最快的。提高国防工业综合体各组织业务效率的关键在于加强和完善用于工程文件传递的自动化工作站。

一个常见问题是：产品电子模型和带数字签名的设计文件的使用没有规范化约束，尤其是对于军用产品。在此问题解决之前，对于国防工业综合体的各组织来说，用于通信、文件传递和公文处理的任何标准产品的效率都不高。

2.5.3 设计和工程信息系统

设计和工程信息系统广泛应用于国防工业综合体的各个组织中。在这种情况下，设计信息系统（计算机辅助设计系统）的占比超过11%，是24个单独功能性信息系统组中占比最大的。

设计和工程信息系统包括设计、工程分析和模拟，以及生产的工艺准备系统。

国防工业综合体各组织的设计和工程信息系统的结构见图2.30。

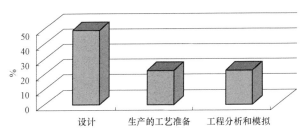

图2.30 国防工业综合体各组织的设计和工程信息系统的结构

从图2.30可以看出，用于设计的设计和工程信息系统数量最大，计算机辅助设计信息系统占比几乎达到50%。

工程分析和模拟信息系统，以及生产的工艺准备信息系统尚未普及。

国防工业综合体各组织在设计和工程信息系统中所用软件产品的结构见图2.31。

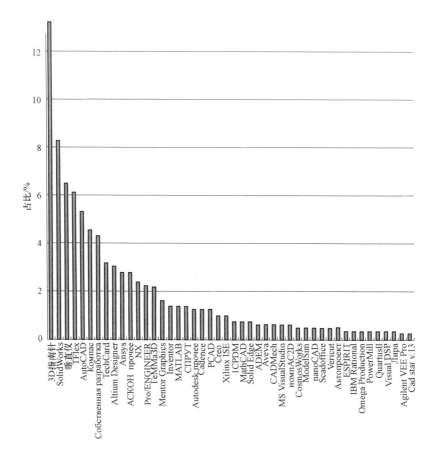

图 2.31 国防工业综合体各组织在设计和工程信息系统中所用软件产品的结构
（按主要软件产品分组）

国防工业综合体各组织使用 100 种以上不同的设计和工程软件产品。最常见的产品有如下几种：

- 3D 指南针（ASCON）——13.2%；
- SolidWorks（Dassault）——8.3%；
- 垂directly仪（ASCON）——6.5%；
- TFlex（Top system）——6.1%；
- AutoCAD（Autodesk）——5.3%。

ASCON 封闭式股份公司的指南针计算机辅助设计信息系统 3D 指南针和生产的工艺准备信息系统垂直仪组合使用，占所有设计和工程信息系统的四分之一。约 5%的信息系统是基于自主研发而建立的。在设计和工程信息系统中，其他软件产品的占比不超过 4%。

国防工业综合体各组织的设计和工程信息系统中的自动化工作站的平均数量见图 2.32。

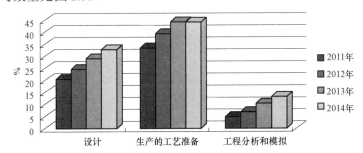

图 2.32 国防工业综合体各组织的设计和工程信息系统中的自动化工作站的平均数量

如图 2.32 所示，用于生产的工艺准备的自动化工作站的平均数量较多，这是因为它们与具有数字程序控制的技术设备相关联，并且需要技术人员和设备调试员的额外工作场所。设计自动化工作站主要由设计人员使用，而在大多数情况下，工程分析和模拟自动化工作站都有特殊用途。

国防工业综合体各组织的设计和工程信息系统中的自动化工作站的总体结构见图 2.33。

从图 2.33 可以看出，几乎有一半的自动化工作站是计算机辅助设计信息系统。

按主要软件产品分组，国防工业综合体各组织的设计和工程信息系统中的自动化工作站的结构见图 2.34。

从图 2.34 可以看出，超过四分之一的自动化工作站用于由国防工业综合体各组织开发或改写的信息系统，但由于标准信息系统的购买和使用，其份额有所降低。

设计和工程自动化工作站对国防工业综合体各组织业务效率影响的评估见图 2.35。

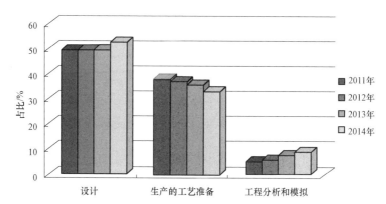

图 2.33　国防工业综合体各组织的设计和工程信息系统中的
自动化工作站的总体结构

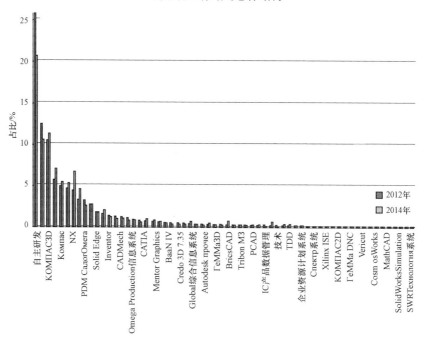

图 2.34　国防工业综合体各组织的设计和工程信息系统中的自动化工作站的结构

从图 2.35 可以看出，在所有功能组中，对各组织业务效率影响较大的自动化工作站占多数。考虑到普及性，对国防工业综合体各组织效率影响最大的是设计自动化工作站（计算机辅助设计信息系统）。

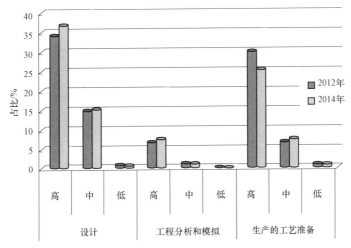

图 2.35 设计和工程自动化工作站对国防工业综合体各
组织业务效率影响的评估

国防工业综合体各组织的设计和工程信息系统与自动化工作站的运营成本估算见图 2.36。

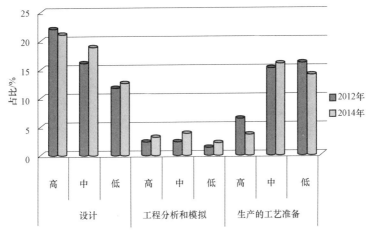

图 2.36 国防工业综合体各组织的设计和工程信息系统与
自动化工作站的运营成本估算

如图 2.36 所示，考虑到占比问题，设计自动化工作站（计算机辅助设计信息系统）的总运营成本最高，生产的工艺准备自动化工作站的运营成本低，在很多情况下，由国防工业综合体各组织自主开发。工程分析和模拟自动化工作站的运营成本很高,但由于其占比不大,所以其总额不像计算机辅助设计信息系统那样大。

因此,在不久的将来,计算机辅助设计信息系统仍将是显著影响国防工业综合体各组织业务效率的重要工具之一,同时也需要大量的运营资金。

为了有效使用,确保不同功能用途的信息系统的信息兼容性和集成是必要的。因此,基于 ASCON 封闭式股份公司的计算机辅助设计信息系统 3D 指南针、生产的工艺准备信息系统垂直仪和自动化工作站的组合能在国防工业综合体各组织中得到普及。

遗憾的是,它没有足够的工程分析工具,而且不能总是与外国生产的设计和工程信息系统集成。

确保用于设计和工程的各种软件产品的信息兼容性是解决目前其在国防工业综合体中有效应用问题的关键。

2.5.4 生产业务管理信息系统

生产业务管理信息系统中包括如下信息系统:
- 业务生产规划;
- 调度和监测;
- 生产过程业务管理;
- 工艺过程控制;
- 设备技术维护服务管理。

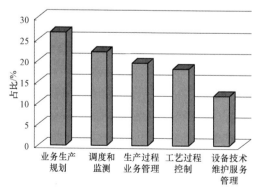

图 2.37 国防工业综合体各组织的生产业务管理信息系统的结构

国防工业综合体各组织的生产业务管理信息系统的结构见图 2.37。

从图 2.37 可以看出,在生产业务管理信息系统中数量最大的是业务生产规划信息系统,占 27%。

图 2.38 列出了国防工业综合体各组织的生产业务管理信息系统所用软件产品的比例。

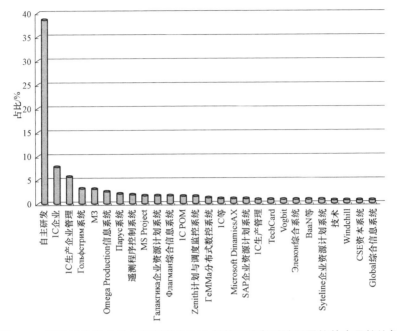

图 2.38 国防工业综合体各组织的生产业务管理信息系统所用软件产品的比例（按主要软件产品分组）

从图 2.38 可以看出，就数量而言，超过 35% 的信息系统是由国防工业综合体各组织开发或改写的。在国防工业综合体各组织所用的生产业务管理信息系统中，最普及的包括 1C 企业和 1C 生产企业管理，其占比分别为 8% 和 6%。其他信息系统的普及率不到 4%。

图 2.39 给出了国防工业综合体各组织的生产业务管理信息系统中的自动化工作站的平均数量。

从图 2.39 可以看出，平均数量最大的自动化工作站（84 个）存在于生产过程业务管理信息系统中，这是因为自动化工作站需要覆盖大量的生产工程技术和管理人才。

在业务生产规划及调度和监测信息系统中，用户数量较少，而国防工业综合体各组织的相关系统较多。因此，2012 年这些信息系统中的自动化工作站的平均数量不超过 52 个，2014 年为 67 个。工艺过程控制和设备技术维护服务管理信息系统中的自动化工作站的平均数量最少，分别为 38 个和 31 个，这是因为这些信息系统的用户数量非常少。

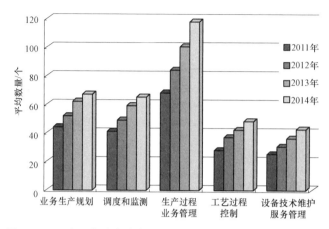

图 2.39 国防工业综合体各组织的生产业务管理信息系统中的
自动化工作站的平均数量

按主要软件产品分组,国防工业综合体各组织的生产业务管理信息系统中的自动化工作站的平均数量见图 2.40。

在国防工业综合体的个别大型企业所用的信息系统中,基于 BaaN (Infor) 的自动化工作站的平均数量最大可超过 340 个。2014 年,推广了数百个基于 Multiagent ASPP 和 KS Elecon 信息系统的自动化工作站。

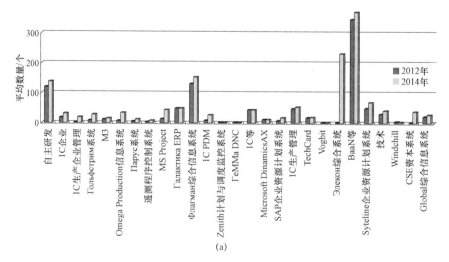

(a)

图 2.40 国防工业综合体各组织的生产业务管理信息系统中的自动化工作站的
平均数量(按主要软件产品分组)

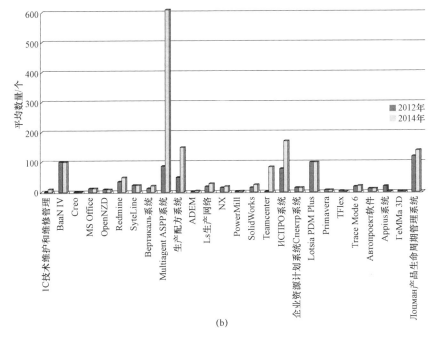

(b)

图 2.40　国防工业综合体各组织的生产业务管理信息系统中的自动化工作站的平均数量（按主要软件产品分组）（续）

国防工业综合体各组织的生产业务管理信息系统中的自动化工作站的结构见图 2.41。

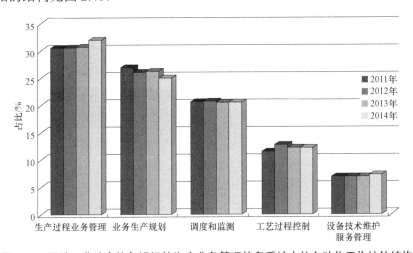

图 2.41　国防工业综合体各组织的生产业务管理信息系统中的自动化工作站的结构

从图 2.41 可以看出，大多数自动化工作站用于生产过程业务管理，2012 年其占比几乎达到 30%。到 2014 年，自动化工作站的结构变化很小。

按主要软件产品分组，国防工业综合体各组织的生产业务管理信息系统中的自动化工作站的结构见图 2.42。

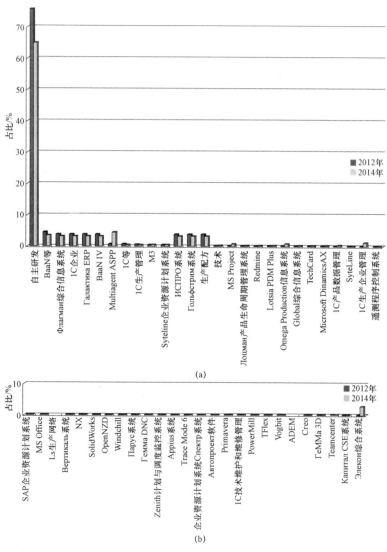

图 2.42 国防工业综合体各组织的生产业务管理信息系统中的自动化工作站的结构（按主要软件产品分组）

从图 2.42 可以看出，2012 年由国防工业综合体各组织（或根据其订单）考虑到生产过程的特点而开发或改写的信息系统占多数。2012 年其占比还在 75% 以上，但开始呈现下降趋势，这是因为只有大型企业或综合机构才能承担这样的成本。

生产业务管理信息系统中的自动化工作站对国防工业综合体各组织的业务效率影响的评估见图 2.43。

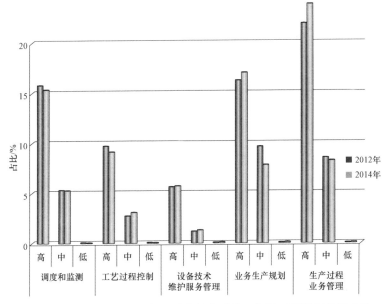

图 2.43　生产业务管理信息系统中的自动化工作站对国防工业综合体各组织的业务效率影响的评估

从图 2.43 可以看出，用于生产业务管理的所有自动化工作站的功能组对各组织业务效率的影响都很大，这表明推广和使用此类系统的重要性。

考虑到占比，用于生产过程业务管理的自动化工作站的影响最大。用于业务生产规划与用于调度和监测的自动化工作站对国防工业综合体各组织的业务效率具有重要的影响。

用于工艺过程控制和设备技术维护服务管理的自动化工作站对国防工业综合体各组织的业务效率影响较小，这是因为其在生产业务管理信息系统中的占比很小。

几乎不存在对国防工业综合体各组织的业务效率影响很小的生产业务管理信息系统，其总占比不超过1%。

国防工业综合体各组织的生产业务管理信息系统中的自动化工作站的运营成本估算见图2.44。

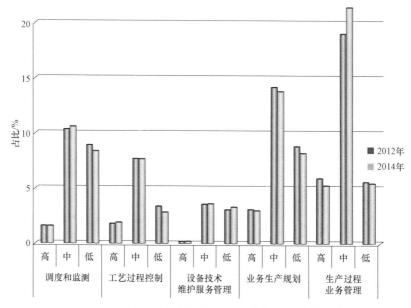

图2.44 国防工业综合体各组织的生产业务管理信息系统中的自动化工作站的运营成本估算

如图2.44所示，国防工业综合体各组织的大多数生产业务管理信息系统中的自动化工作站的运营成本是平均的，而低成本的自动化工作站的占比也非常高。这主要是因为国防工业综合体各组织自主开发的生产业务管理信息系统占多数，并且软件和信息系统伴随的第三方服务费用较低。

因此，最重要的任务之一是创建并推广标准的国内生产业务管理信息系统，同时考虑到国防工业综合体各组织的特殊性。目前，主要使用国防工业综合体各组织独立自主开发的生产业务管理信息系统。

如果不加快推广可以和国防工业综合体各组织的其他信息系统集成的标准化的信息系统和自动化工作站，就很难保证国内军用、两用和民用产品的生产效率、质量和竞争力达到要求。

2.5.5 运输和仓储管理信息系统

运输和仓储管理信息系统包括材料和配套零部件运输管理信息系统、成品运输管理信息系统与仓储管理信息系统。

国防工业综合体各组织的运输和仓储管理系统的结构见图2.45。

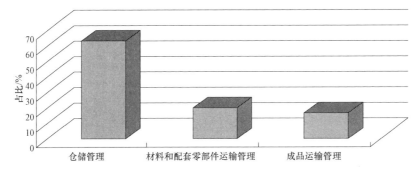

图2.45 国防工业综合体各组织的运输和仓储管理信息系统的结构

从图2.45可以看出,国防工业综合体各组织应用最普及的是仓储管理信息系统,该信息系统应用于约一半的国防工业综合体的组织中;材料和配套零部件运输管理信息系统和成品运输管理信息系统较少用到。

按主要软件产品分组,国防工业综合体各组织的运输和仓储管理信息系统的结构见图2.46。

从图2.46可以看出,几乎35%的信息系统使用软件产品1C企业,再加上1C股份公司的其他产品,其总占比超过50%。

使用自主开发软件的信息系统占比为15%。除Parus系统外,其余软件产品不超过对应信息系统总数的3%。

国防工业综合体各组织的运输和仓储管理信息系统中的自动化工作站的平均数量见图2.47。

从图2.47可以看出,尽管仓储管理信息系统较为普及,但其中的自动化工作站的平均数量是最少的。成品运输管理信息系统中的自动化工作站的平均数量是最多的。

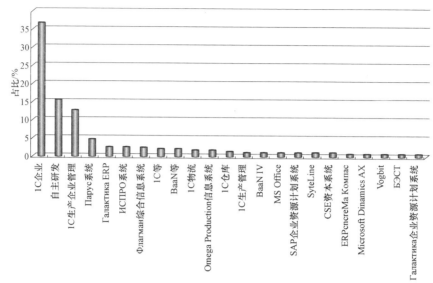

图2.46 国防工业综合体各组织的运输和仓储管理信息系统的结构
（按主要软件产品分组）

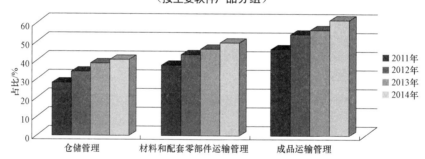

图2.47 国防工业综合体各组织的运输和仓储管理信息系统中的
自动化工作站的平均数量

按主要软件产品分组，国防工业综合体各组织的运输和仓储管理信息系统中的自动化工作站的平均数量见图2.48。

如图2.48所示，在自主研发的信息系统中，自动化工作站的平均数量最多，超过160个。这是因为这些信息系统主要是由大型企业考虑到自身业务的特点而创建的。国防工业综合体的三个组织使用了基于BAAN的带有大量自动化工作站的信息系统。与2012年相比，2014年生产配方信息系统的自动化工作站的平均数量增长了2倍。

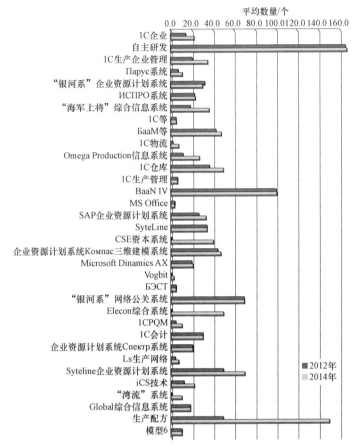

图 2.48 国防工业综合体各组织的运输和仓储管理信息系统中的自动化工作站的平均数量（按主要软件产品分组）

按主要软件产品分组，国防工业综合体各组织的运输和仓储管理信息系统的自动化工作站的结构见图 2.49。

从图 2.49 可以看出，约 65%的运输和仓储管理自动化工作站用于自主开发的系统中，这与对此类用途的标准化自动化工作站的需求相对较小有关。

随着基于 1C 产品的信息系统的普及，对信息系统功能的改进将加快推广此类自动化工作站，此时，使用其他产品的自动化工作站的涨幅不大。

国防工业综合体各组织的运输和仓储管理信息系统中的自动化工作站的结构见图2.50。

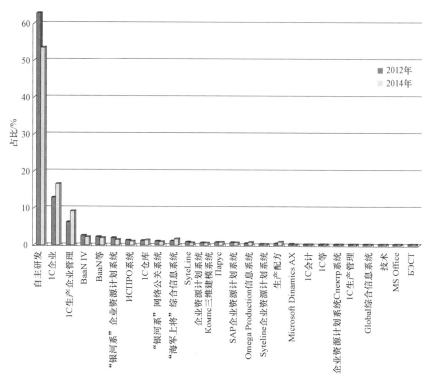

图2.49 国防工业综合体各组织的运输和仓储管理信息系统中的
自动化工作站的结构
（按主要软件产品分组）

从图2.50可以看出，该组中仓储管理信息系统的自动化工作站的数量最多，占比超过50%，而不同组的成品运输管理信息系统的自动化工作站的占比差不多是一样的。

2013—2014年，这个比例没有变化。

运输和仓储管理信息系统中的自动化工作站对国防工业综合体各组织的业务效率影响的评估见图2.51。

如图2.51所示，整体上运输和仓储管理信息系统中的所有自动化工作站对国防工业综合体各组织的业务效率的影响都较大。在所有组中，产生很小影响的自动化工作站的占比不超过 1.5%，且仍在减少。

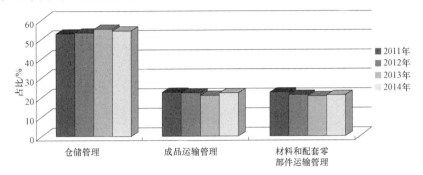

图 2.50　国防工业综合体各组织的运输和仓储管理信息系统中的自动化工作站的结构

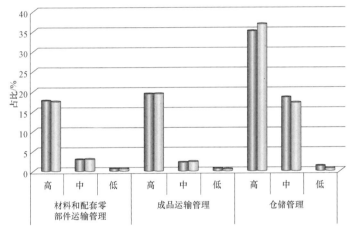

图 2.51　运输和仓储管理信息系统中的自动化工作站对国防工业综合体各组织的业务效率影响的评估

仓储管理信息系统的自动化工作站产生的影响较大，这是因为其份额较大，但是，中等影响效果的系统占比才是根本性的。但其对国防工业综合体组织的业务效率影响为中等。

尽管材料和配套零部件运输管理信息系统及成品运输管理信息系统的效率很高，但其使用频率远低于仓储管理信息系统。2013—2014年，这种情况没有改变。

国防工业综合体各组织的运输和仓储管理信息系统中的自动化工

作站的运营成本估算见图2.52。

如图2.52所示,运输和仓储管理信息系统中的自动化工作站的运营成本多数是平均的。

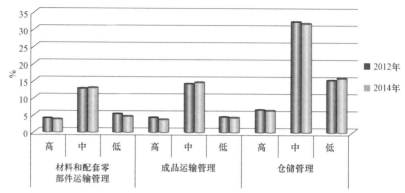

图2.52 国防工业综合体各组织的运输和仓储管理信息系统中的自动化工作站的运营成本估算

目前尚未充分利用材料和配套零部件运输管理及成品运输管理自动化来提高国防工业综合体各组织的业务效率。造成这种情况的原因之一是信息不充足,且人们对此类信息系统的关注不够。

使用标准的材料和配套零部件运输管理及成品运输管理信息系统,可以保证在成本不高的情况下提高国防工业综合体各组织的业务效率。

2.5.6 产品质量和生命周期管理信息系统

产品质量和生命周期管理信息系统中包括如下几种信息系统:
- 质量管理信息系统;
- 维护服务管理信息系统;
- 从开发到回收的产品生命周期管理信息系统。

国防工业综合体各组织的产品质量和生命周期管理信息系统的结构见图2.53。

如图2.53所示,大多数(43%)信息系统用于管理从开发到回收的产品生命周期。2012年,质量管理信息系统的占比为30%,维护服务管理信息系统的占比为 22%。

按主要软件产品分组，国防工业综合体各组织的产品质量和生命周期管理信息系统的结构见图 2.54。

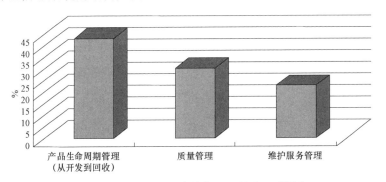

图 2.53　国防工业综合体各组织的产品质量和
生命周期管理信息系统的结构

如图 2.54 所示，超过 25%的产品质量和生命周期管理信息系统由国防工业综合体各组织自主（或按照订单根据具体企业的特点）研发或改写。领航员 PLM（ASCON）标准系统约占 15%，而 1C 企业约占 10%。其余产品的占比均不超过 5%。

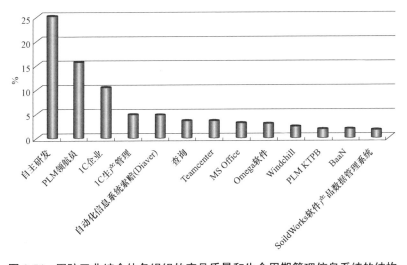

图 2.54　国防工业综合体各组织的产品质量和生命周期管理信息系统的结构
（按主要软件产品分组）

国防工业综合体各组织的产品质量和生命周期管理信息系统中的自动化工作站的平均数量见图2.55。

从图2.55可以看出，2012年从开发到回收的产品生命周期管理信息系统中的自动化工作站平均数量超过90个，2014年增加到125个。与从开发到回收的产品生命周期管理信息系统相比，2012年维护服务管理信息系统中的自动化工作站的平均数量占其二分之一，质量管理信息系统中的自动化工作站的平均数量占其三分之一。2014年，比例没有改变。

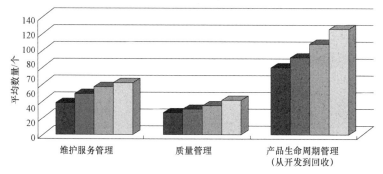

图2.55 国防工业综合体各组织的产品质量和生命周期管理信息系统中的自动化工作站的平均数量

按主要软件产品分组，国防工业综合体各组织的产品质量和生命周期管理信息系统中的自动化工作站的平均数量见图2.56。

如图2.56所示，自主研发的信息系统和基于BaaN（Infor）的白俄罗斯的查询（Intermech）信息系统中的自动化工作站的平均数量最大，约140个。在使用Teamcenter（Siemens）的从开发到回收的产品生命周期管理信息系统中，自动化工作站的数量增速最快。

国防工业综合体各组织的产品质量和生命周期管理信息系统中的自动化工作站的结构见图2.57。

从图2.57可以看出，产品质量和生命周期管理信息系统中的自动化工作站占比超过65%，而质量管理信息系统中的自动化工作站仅占15%。2013年和2014年，这一比例关系没有变化。

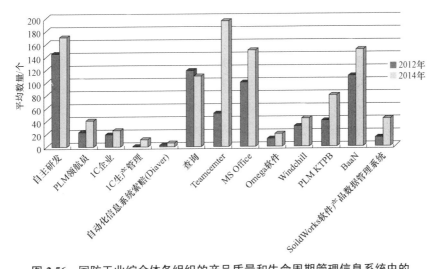

图 2.56 国防工业综合体各组织的产品质量和生命周期管理信息系统中的
自动化工作站的平均数量
（按主要软件产品分组）

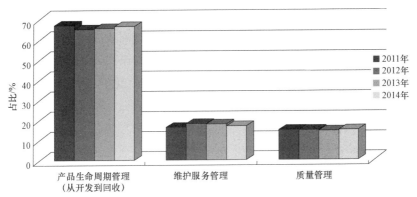

图 2.57 国防工业综合体各组织的产品质量和生命周期管理信息系统中的
自动化工作站的结构

按主要软件产品分组，国防工业综合体各组织的产品质量和生命周期管理信息系统中的自动化工作站的结构见图 2.58。

从图 2.58 可以看出，超过 60%的产品质量和生命周期管理信息系统中的自动化工作站使用国防工业综合体各组织自主开发的信息系统。在标准系统中最常见的是查询（Intermech）和 PLM 领航员（ASCON）系统。且 2014 年查询的占比有所下降，而 PLM 领航员的占比有所增加。

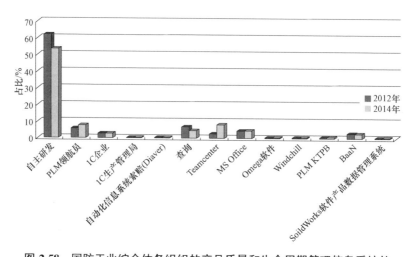

图 2.58 国防工业综合体各组织的产品质量和生命周期管理信息系统的自动化工作站的结构（按主要软件产品分组）

产品质量和生命周期管理信息系统中的自动化工作站对国防工业综合体各组织的业务效率影响的评估见图 2.59。

从图 2.59 可以看出，整体上产品质量和生命周期管理信息系统中的自动化工作站对国防工业综合体各组织的业务效率的影响较大。考虑到占比问题，从开发到回收的产品生命周期管理信息系统中的自动化工作站的影响最大。

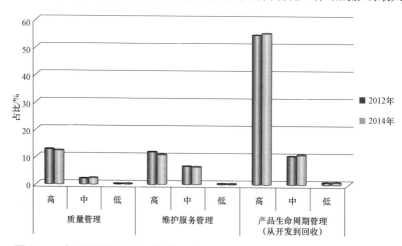

图 2.59 产品质量和生命周期管理信息系统中的自动化工作站对国防工业综合体各组织的业务效率影响的评估

用于质量管理的自动化工作站中,85%的对国防工业综合体各组织的业务效率产生较大影响,但用于从开发到回收的产品生命周期管理的自动化工作站是其数量的 4.3 倍。

国防工业综合体各组织的产品质量和生命周期管理信息系统中的自动化工作站的运营成本估算见图 2.60。

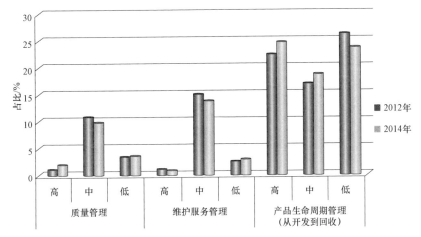

图 2.60　国防工业综合体各组织的产品质量和生命周期管理信息系统中的自动化工作站的运营成本估算

从图 2.60 可以看出,自动化工作站的运营成本基本上是平均的。大部分从开发到回收的产品生命周期管理信息系统的运营成本较低,这是因为该信息系统主要进行产品文件管理。

在大多数情况下,返修监测和分析信息系统,产品、材料和配套零部件质量信息系统,维护过程管理信息系统的成本是平均的。从开发到回收的产品生命周期的监测、分析和管理综合信息系统的运营成本可能会很高。

因此,国防工业综合体各组织未充分推广并使用产品质量和生命周期管理信息系统的主要原因是缺乏全面考虑国防工业综合体各组织的具体特点以及高效的标准工业系统。拥有必要财力的大型组织会首先开发或改进昂贵的 PLM 系统。

为了管理产品的生命周期,国防工业综合体各组织使用国内的企业管理信息系统——ERP(1C 企业、1C 生产企业管理),但其占比不大。

而基于外国领先制造商（Omega Production 公司，Baan 公司）的企业管理集成产品的 PLM 系统的自动化工作站的占比甚至更小，尽管在个别企业自动化工作站被大量使用。

在功能方面，考虑到国防工业综合体各组织的需求，PLM 领航员应首先与国外系统 Teamcenter（Siemens）和 Windchill（PTC）竞争。其他国内系统在功能方面略逊于它们。某些软件产品，如自动化信息系统索赔（Diaver）专门用于产品质量管理，且与其他软件结合使用。

大多数国内软件产品的优势在于可与国内最普及的基于软件产品"1C 企业"和"1C 生产企业管理"的企业管理 ERP 系统集成。在大多数情况下，国内开发系统与国外企业管理系统的集成是针对特定客户的。

因此，只有当标准化的产品质量和生命周期管理系统与国防工业综合体各组织所用信息系统广谱集成，且考虑到其特点时，该系统才会有效。

2.5.7　企业管理信息系统

企业管理信息系统包括如下几个信息系统功能组：
- 计算材料和配件的需求；
- 计算产品成本和费用；
- 库存管理；
- 采购管理；
- 销售管理；
- 生产和销售计划；
- 财务管理。

这是目前国防工业综合体各组织进行企业管理使用最多的信息系统，其总占比为 27%。在这些信息系统中，2011 年使用的自动化工作站数量最多，为 22%。2012 年，其占比有所下降，这是由于通信、文件传递和公文处理自动化工作站的快速增长。

国防工业综合体各组织的企业管理信息系统的结构见图 2.61。

如图 2.61 所示，用于计算产品成本和费用的企业管理信息系统的数量最多，占比达 16%。与财务管理信息系统的占比大致相同。生产和销售计划与销售管理信息系统的占比约为 12%。

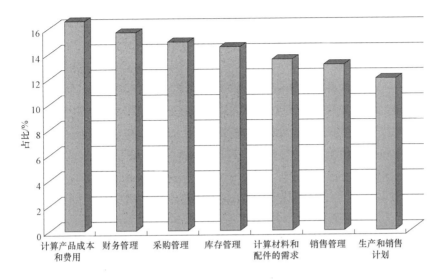

图 2.61 国防工业综合体各组织的企业管理信息系统的结构

国防工业综合体各组织的企业管理信息系统中的自动化工作站的平均数量见图 2.62。

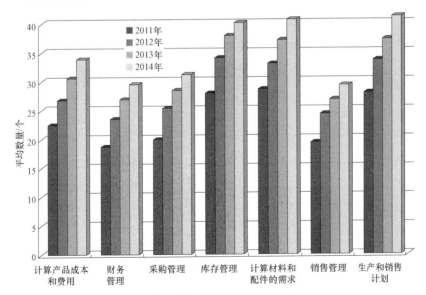

图 2.62 国防工业综合体各组织的企业管理信息系统中的自动化工作站的平均数量

从图 2.62 可以看出，2012 年在生产和销售计划、计算材料和配件的需求、库存管理信息系统中，自动化工作站的平均数量大于 30，且呈上升趋势。这是因为不仅管理人员和财务经济部门，还有车间、生产和工程技术部门都会使用这些信息系统。

2012 年，主要由管理人员和财务经济部门使用的其他企业管理信息系统中平均拥有 25 个自动化工作站。

国防工业综合体各组织的企业管理信息系统中的自动化工作站的比例见图 2.63。

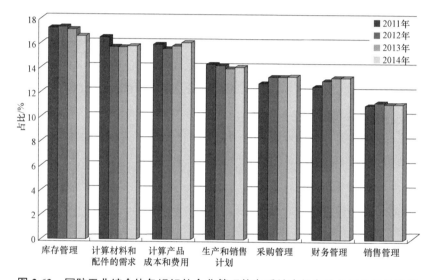

图 2.63　国防工业综合体各组织的企业管理信息系统中的自动化工作站的比例

如图 2.63 所示，2012 年库存管理信息系统中的自动化工作站数量最多（占比 17%）。2014 年，该自动化工作站的数量和与之集成的计算材料和配件的需求信息系统及计算产品成本与费用信息系统的自动化工作站数量相等。

在采购管理、生产和销售计划信息系统中的自动化工作站占比为 13%～14%。在销售管理和财务管理信息系统中的自动化工作站的数量最少。

企业管理信息系统中的自动化工作站对国防工业综合体各组织的业务效率影响的评估见图 2.64。

如图 2.64 所示，整体上所有企业管理信息系统中的自动化工作站对国防工业综合体各组织的业务效率的影响都是很大的。影响较大的信息系统中自动化工作站的总占比超过 80%，而影响较小的自动化工作站的占比少于 1.2%。

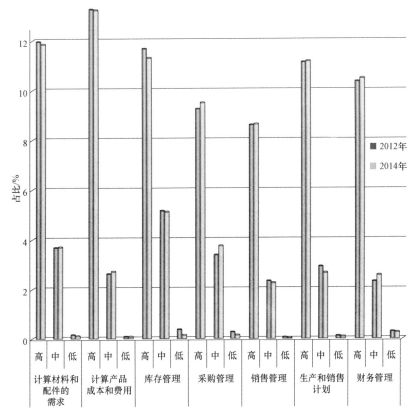

图 2.64　企业管理信息系统中的自动化工作站对
国防工业综合体各组织的业务效率影响的评估

国防工业综合体各组织的企业管理信息系统中的自动化工作站的运营成本估算见图 2.65。

从图 2.65 可以看出，企业管理自动化工作站的运营成本基本上是平均的，但低运营成本的自动化工作站占比很大。占 20%～21% 的企业管理信息系统和自动化工作站的运营成本很高。

国防工业综合体各组织的大多数企业管理信息系统使用1C企业或1C生产企业管理系统。BaaN（Infor）是国外软件产品中最常见的。

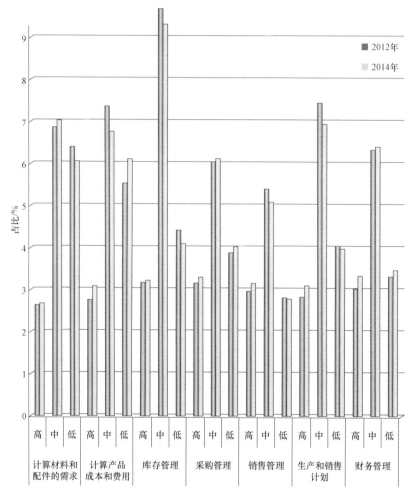

图 2.65 国防工业综合体各组织的企业管理信息系统中的自动化工作站的运营成本估算

因此，对于有效的企业管理信息系统来说，必须将其所有功能组件紧密整合，并与产品质量和生命周期管理信息系统广泛集成。

图 2.66 给出了国防工业综合体各组织维护与开发信息通信技术的需用开支和实际开支。

从图 2.66 可以看出，2012 年针对信息通信技术，国防工业综合体 452 个组织年拨款总额达 76 亿卢布，不超过政府机构此项开支的 20%。与此同时，一些企业的拨款减少了。

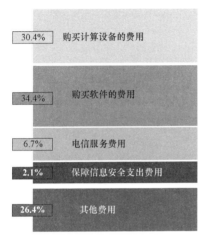
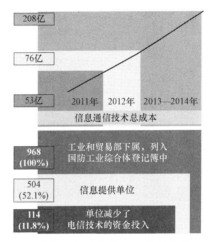

图 2.66 国防工业综合体各组织维护与开发信息通信技术实际和所需成本

根据俄罗斯联邦政府国家统计 3 号信息分析，在费用构成中购买软件的开支占比最大，达到 34.4%。超过 30% 的开支用于购买计算设备。

2011—2014 年，国防工业综合体各组织在信息通信技术上的开支构成变化情况见图 2.67。

如图 2.67 所示，在购买计算设备和电信服务方面的支出正在减少，而在购买软件和保障信息安全方面的支出正在增加。

从各部门的角度来看，国防工业综合体各组织在信息通信技术上的支出构成见图 2.68。

从图 2.68 可见，在信息通信技术上的约一半支出由航空业组织产生。造船业在信息通信技术上的支出水平最低，主要集中于行业内的几家龙头企业。

许多小企业，特别是那些专门从事设备维修的小企业，其在信息通信技术上的支出水平很低。

因此，考虑到信息系统对国防工业综合体各组织效率的影响，如果

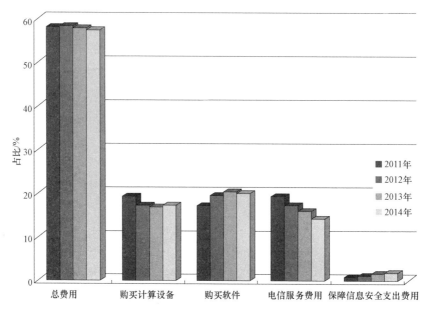

图 2.67 国防工业综合体各组织在信息通信技术上的开支构成变化情况

减省在信息通信技术上的支出,将降低国防工业综合体组织的业务效率和竞争力。

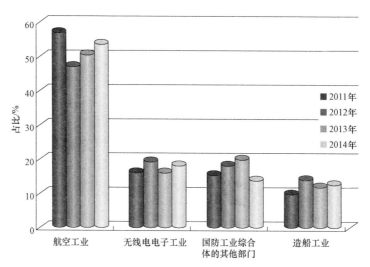

图 2.68 从各部门的角度来看,国防工业综合体各组织在信息通信技术上的支出构成

与此同时，大多数国防工业综合体组织大量增长的财政资源几乎耗尽，而实际成本每年增加三分之一以上，这是因为信息通信技术是推广和使用自动化工作站所必需的，而自动化工作站已成为生产过程中不可或缺的一部分。

因此，许多正在经历财务困难的国防工业综合体组织可能会陷入特殊的"信息和通信旋涡"，减少用于发展和使用信息系统的资金，会导致国防工业综合体组织的业务效率降低，进一步导致此类拨款的减少。

考虑到这些趋势，最重要的是要确保对发展和使用国防工业综合体各组织信息通信技术的持续性监测，尤其是对生产用信息系统的持续性监测。

第 3 章 2020 年之前，在国防工业综合体中创建、发展和使用信息技术的概念

3.1 引言

根据俄罗斯联邦政府军事工业委员会的委托，俄罗斯工业和贸易部制定了截至 2020 年在国防工业综合体中创建、发展和使用信息技术的概念，其草案如下：

2014 年 2 月，俄罗斯通信部举行了三方工作会议，国防工业综合体大型企业负责人、俄罗斯主要信息技术协会负责人以及行业调解员出席，会议旨在在俄罗斯国防工业综合体中推广使用信息技术。会议期间，与会者讨论了国防工业综合体企业对信息技术解决方案的需求，在国防工业综合体中推广现代信息技术的问题，以及国防工业综合体、国内信息技术公司和中央机关各关键部门间可能的相互作用机制。俄罗斯工业和贸易部国防工业综合体部门主任奥列格·梁赞采夫在会上发言时指出，该部门面临的主要任务是提高整个国防工业综合体的信息化水平，形成国防工业综合体的信息化概念，建立基本的信息化概念及其实施机制。[54]

考虑到联邦政府机构、国防工业综合体个别组织和俄罗斯主要软件开发商的提案，国防工业综合体组织制定了国防工业综合体信息化概念

的基本草案（以下简称信息化概念草案或概念草案），2014年年初信息化概念草案被提交到30个部门和组织修改，参与修改信息化概念草案的部门和组织见图3.1。

图3.1 参与修改概念草案的部门和组织

根据俄罗斯联邦军事工业委员会副主席奥列格·伊万诺维奇·博奇卡廖夫的指示，概念草案已提交给标准化和统一化科学研究所，供2014年4月15—18日在萨罗夫举行的主题为"国防工业综合体服务中的信息技术"的第三届年度会议讨论，会议在俄罗斯联邦军事工业委员会的主持下举行。[55]

截至2016年年中，考虑到上述部门和组织的评论与补充，概念草案正接受俄罗斯工业和贸易部、俄罗斯联邦军事工业委员会的审查。

3.2 概念概述

3.2.1 概念拟定的前提（图3.2）

从工业社会到信息社会的转变正在改变信息技术的发展模式。从服务部门和辅助部门的本质来看，现代化信息技术的解决方案越来越多地包含在生产固定资产中，并在工业发展过程中占据重要地位。除数控机床和工业机器人（是灵活的数字化生产的基础）外，在国防工业综合体中，超级计算机的数学建模和仿造模拟的使用率正在增长，并且对于许多配套产品而言，加色技术和3D打印机正在取代传统生产。

图 3.2　概念拟定的前提

在不久的将来，只有数字化生产才能使国防工业综合体各组织增加竞争产品的种类、扩大生产，并为流行的高科技民用产品的生产做好准备。俄罗斯总统在2013年12月的联邦会议咨文中确定了这项任务。

考虑到信息技术发展的现状和趋势，在军事工业综合体的现代化和技术改造方面，2011—2020年俄罗斯国家军备发展计划的实施，确定了保障在国防工业综合体中创建、发展和使用信息技术的主要目标和任务，及其实现原理和机制。

3.2.2　发展战略的选择（图3.3）

2020年前俄罗斯联邦创新发展战略确定了各经济部门发展的可能性方案。保持只注重技术进口的惯性发展是不可取的，因为这会使俄罗斯陷入困境并在竞争中失败。由于在该领域的落后，就会使俄罗斯在信息技术领域的领导地位仍然无法实现。

在这方面，唯一可行的战略是追赶式发展和提高当地的技术竞争力，在进口技术和具有竞争力的俄罗斯研发基础上进行升级改造。就国防工业综合体各组织而言，这意味着国内有竞争力的产品开发逐步实现对外国软件和硬件系统的进口替代，并实施一系列措施以确保基于国内技术设备的国家安全。

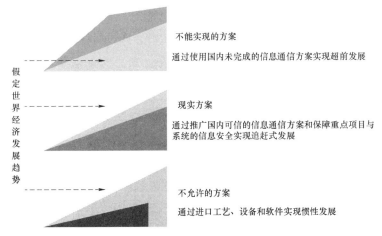

图 3.3 各经济部门的发展战略的选择

3.2.3 概念草案（图 3.4）

根据俄罗斯 2011—2020 年国家军备发展计划，在国防工业综合体的改进和技术改造方面，任务是提高企业业务效率和创造有利于竞争的产品生产条件。该概念确定了国家的首要任务、发展目标和方向，国防工业综合体产品生命周期过程中信息技术的使用机制，国防工业综合体各组织和整合机构的业务管理机制，以及行业内和跨行业信息技术的应用机制。

图 3.4 概念草案

该概念不涉及信息技术和通信领域的基础性和前瞻性研究问题，直接在国防工业综合体的产品中使用信息技术，并用于管理该技术的使用、创建信息安全工具，以及计算设备和通用软件。在其他标准文件、各工业部门发展计划和集成结构发展战略中确定了这些领域的发展。

3.2.4　概念的标准法律基础（图3.5）

该概念与各种现有标准文件的条款相联系并作为其补充，其中最基本的文件是：

《俄罗斯联邦2020年前创新发展战略》；

《2020年前俄罗斯联邦国防工业综合体发展方面的国家政策基础》；

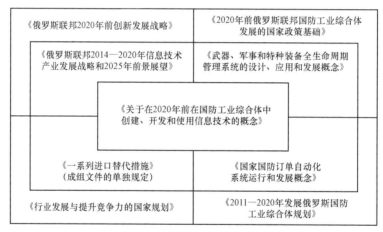

图 3.5　概念的标准法律基础

《2014—2016年，评估进行国家国防采购时出现的财务和技术风险的国家自动化系统的发展与使用方案》；

《行业发展与提升竞争力的国家计划》。

在2020年之前，在国防工业综合体中创建、发展和使用信息技术的概念是一份面向政府部门、国有企业、国防工业综合体各组织及其负责信息技术开发和使用部门的文件。

3.2.5　概念结构（图3.6）

概念草案包括14个章节。它是根据电信科学研究所联邦国家单一制企业 2012—2014 年对 500 家国防工业综合体组织进行调查的结果，在总结各组织的提案，分析信息技术的使用状况、问题和趋势的基础上拟定的。

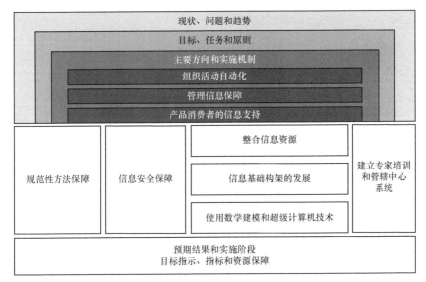

图 3.6　概念结构

3.2.6　功能性自动化工作站（图 3.7）

如果不开发功能性自动化工作站来保障整个产品生命周期和国防工业综合体各组织业务的管理工作，就不可能提高工程技术和管理人员的工作效率。考虑到当前的信息技术水平，在概念框架内，概念草案具体说明了 20 年前国家标准 ГОСТ 34.003–90 中确定的功能性自动化工作站的概念。自动化工作站的用户软件和硬件系统是基于用户设备的应用软件组件，更准确地反映了个人计算机或其他用户装置上的自动化工作站数量的增长趋势，包括公司的和分布式信息系统的自动化工作站。

2012 年，俄罗斯工业和贸易部对 500 多个国防工业综合体组织进行了抽样调查。调查结果表明，一般来说，国防工业综合体各组织的功能性自动化程度很高，超过 80% 的工程技术和管理人员使用功能性自动化工作站工作，此外，发展预测显示，功能性自动化工作站的数量将稳定增长。

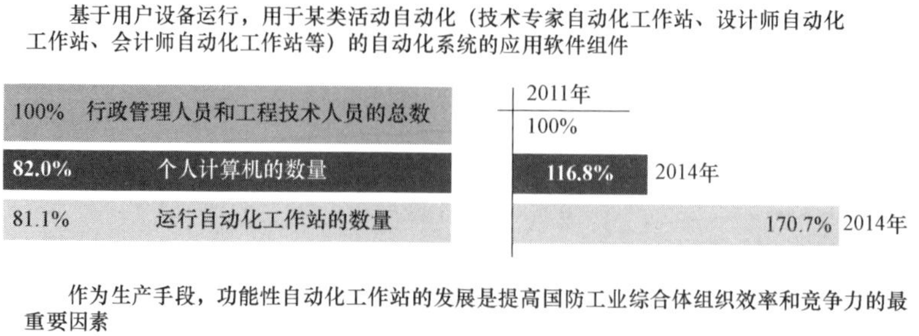

基于用户设备运行，用于某类活动自动化（技术专家自动化工作站、设计师自动化工作站、会计师自动化工作站等）的自动化系统的应用软件组件

100% 行政管理人员和工程技术人员的总数	2011年 100%	
82.0% 个人计算机的数量	116.8%	2014年
81.1% 运行自动化工作站的数量	170.7%	2014年

作为生产手段，功能性自动化工作站的发展是提高国防工业综合体组织效率和竞争力的最重要因素

图 3.7　功能性自动化工作站

3.2.7　自动化控制系统和功能性自动化工作站的使用（图 3.8）

在国防工业综合体中，企业的财务经济、工程技术和生产部分的自动化程度很不均衡。历史上第一次使用的系统是会计核算系统，绝大多数国防工业综合体组织都使用这种系统。这是财务管理自动化工作站数量的 2.5 倍，在很多情况下，财务管理自动化工作站决定了国防工业综合体各组织的业务效率。

自动化工作站	自动化控制系统	功能目的	功能目的	自动化控制系统	自动化工作站
7.8%	94.2%	会计核算	工程文件传递	31.7%	7.6%
5.7%	79.2%	人员管理	生产和销售计划	31.5%	3.2%
8.0%	69.0%	设计	调度和监测	23.6%	3.7%
2.9%	44.8%	财务管理	业务生产规划	26.6%	4.6%
3.5%	44.6%	计算产品成本和费用	生产过程业务管理	20.2%	5.8%
3.9%	42.7%	仓库管理	工艺过程控制	18.5%	2.1%
5.4%	41.9%	生产的工艺准备	从开发到回收的产品生命周期管理	14.5%	4.6%
3.0%	40.5%	采购管理	设备技术维护服务管理	11.9%	1.2%
3.9%	39.9%	库存管理	材料和配套零部件运输管理	11.1%	1.6%
1.0%	38.1%	工程分析与模拟	质量管理	10.9%	1.1%
10.7%	37.9%	文件传递和公文处理	成品运输管理	9.9%	1.6%
2.5%	37.5%	销售管理	维护服务管理	8.1%	1.3%
3.5%	36.1%	计算材料和配件的需求	*—根据2012年国防工业综合体504家单位的信息分析结果		

图 3.8　自动化控制系统和功能性自动化工作站的使用

约70%的国防工业综合体组织拥有自动化设计系统——这是8%的自动化工作站。与此同时，工程分析和模拟自动化工作站（对产品竞争力影响巨大）的占比减少为原来的八分之一——总占比为1%。这是由于此类系统成本较高，且其使用人员的能力不足。该问题的可能性解决方案是在集成结构、卓越中心和高性能计算的框架下，推广远程信息服务。

国防工业综合体各组织的物流、材料技术供应、技术维护和设备维修的管理过程不够自动化。产品售后服务和生命周期（从开发到回收）管理的信息保障不能满足用户要求。

3.2.8 国产自动化工作站替代进口自动化工作站及其发展的可能性（图3.9）

目前，国防工业综合体组织内部开发的国产自动化工作站比例很高，包括许多过时的系统和遗留系统。这些属于业务维护、产品质量和设备修理管理的自动化工作站，以及业务生产规划自动化工作站。在这些类型的自动化工作站中，重复使用的比例为10%~15%，因此开发人员应注意用标准系统替换现有系统的可能性。

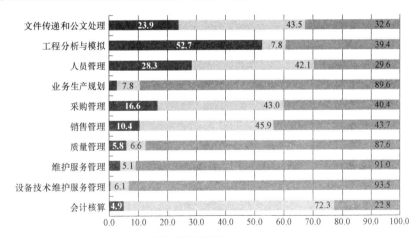

图3.9 国产自动化工作站替代进口自动化工作站及其发展的可能性

不到一半的文件传递和公文处理、采购管理、销售管理和人员管理自动化工作站使用国产标准化软件产品。这些系统可以替换遗留系统和外国系统。尤其是这涉及行政文件传递和人员管理系统的进口替代，相关的俄罗斯标准和法规已获批准，仅要求改进可重复使用的系统和具有竞争力的价格，同时考虑到国防工业综合体各组织的人员管理自动化工作站数量的增长。

特别重要的是，超过一半的工程分析与模拟自动化工作站是在国外生产的，这会影响国防工业综合体各组织产品的竞争力。此时，国产可重复使用的此类自动化工作站占比不超过 8%，如果实施制裁，这将对俄罗斯的国家安全构成威胁。

3.2.9　技术依赖和国家安全问题（图 3.10）

实际上，几乎国防工业综合体的所有组织都使用国外的计算机设备和通用软件。这会使国防工业综合体的大多数部门对软件和硬件设备的进口产生技术依赖，且易受到网络威胁。当与正在发生的政治事件——实施制裁相联系时，这个问题就显得尤为重要，因此要限制使用外国软件。

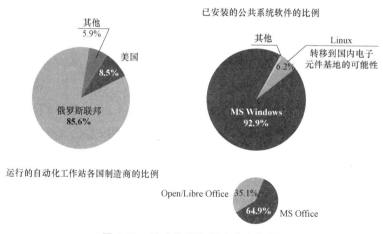

图 3.10　技术依赖和国家安全问题

尽管国产自动化工作站占主导地位，但在大多数情况下，其功能作用还必须通过 Windows 操作系统实现。考虑到国防工业综合体各组织大部分都在使用能在国内处理器上运行的 Linux 操作系统，将现有自动控制系统转移到国内平台的可能性仅略高于 6%。

这在设计软件和生产准备软件方面尤其重要。国防工业综合体组织广泛使用的国内开发的软件产品主要是 ASCON，但国外软件产品的占比没有减少。调查人员指出了基于西门子和 SAP（德国）以及 PTC 和 Infor（美国）软件工具的自动化工作站数量增加的趋势。

3.2.10 信息安全措施（图 3.11）

在概念实施过程中，应解决两个重要的相互关联的战略任务：降低使用进口软件和硬件的风险，并扩大国内开发的可靠产品的使用实践。

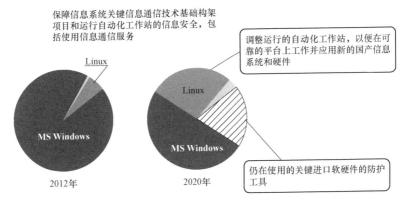

图 3.11 信息安全措施

这两个任务应该通过以下方式分阶段解决：

● 保护运行中的国外软件和硬件，以及信息系统，包括创建并发展可信的信息通信服务；

● 将在可信平台上创建的非常重要的国外软件、硬件系统逐步替换成国产系统；

● 推广在俄罗斯软件、硬件系统中使用的新型国产信息系统；

● 改进在 Windows 环境下工作的国产自动化工作站，使其能在可信平台作用。

到 2020 年完成任务的结果：

- 作为产品生产生命周期一部分的关键信息系统应在国内可信赖的软件和硬件平台上运行,或者必须通过适当的方式保护其免受外部网络威胁;
- 受保护的自动化工作站的总数应不少于50%;
- 在国内可信平台上运行的自动化工作站的总数应达到25%～30%。

3.2.11　国防工业综合体信息安全和构建统一信息空间的标准体系保障(图3.12)

当前增长的网络威胁需要俄罗斯调整和协调现有的标准文件并制定新的标准文件,这些文件确定了国防工业综合体中的国家信息安全监督,其中包括俄罗斯联邦极其重要的基础设施项目的生产和工艺过程自动化控制系统安全保障方面的国家政策导向。有必要在国防工业综合体各组织中推广此类设施的自动化控制系统的安全保护系统,以尽量减少维护人员对其软件和硬件的调整和运行。这可以在建立国防工业综合体统一信息空间和受保护的信息和通信服务框架内完成。

目前,保护国防工业综合体各组织的自动化控制系统的主要方式是将其与公共网络进行物理隔离。这样在使用国外软件和硬件时,可以以最低成本确保信息安全,但却限制了使用现代信息技术的有效性。

在拟定的法规草案中,必须单独规定危险等级和简化的保护机制,以防止与公共网络隔离的国防工业综合体各组织的局域网受到网络威胁,包括用编码取代数据加密的措施。

要合理地保证国防工业综合体各组织自动化控制系统的安全性,同时考虑到创建可信软件和硬件环境的措施。为了推动进口替代和节省成本,应在国内电子元件的基础上使用可信软件和硬件时,制定简化的信息保护要求,同时考虑到其较少受到网络威胁的影响。这应与在国防工业综合体统一信息空间的框架下形成的远程访问安全要求和具有法律意义的电子文件传递相联系。

在国防工业综合体各组织中使用信息技术的必要条件是协调并制

定标准和法规。电信科学研究所联邦国家单一制企业制定的在国防工业综合体各组织中使用现代信息技术的统一标准和规范中考虑到了这一点,规范了数字签名以及有法律意义的电子技术文件和 3D 模型(其中包括国家机密)的使用,这尤为重要。

2020 年前的这段时间,国防工业综合体各组织在推广和使用信息技术路线图的措施中,规定了在国防工业综合体各组织中推广和使用信息技术的控制管理要求。

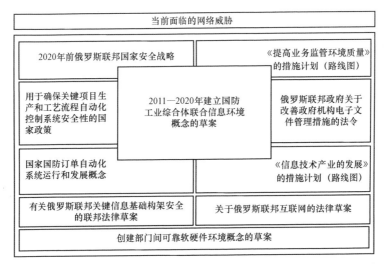

图 3.12 国防工业综合体信息安全和构建统一信息空间的标准体系保障

3.2.12 国防工业综合体的统一信息空间(图 3.13)

超过 97%的国防工业综合体组织使用电子邮件发送消息。与 Web 服务不同,电子邮件允许使用可移动媒体在隔离部分间交换信息(包括机要通信)。为了交换内部信息,建议接入部门间的电子文件传递系统。收件人登记册的形成和集中维护将允许把电子邮件作为在国防工业综合体统一信息空间框架内主要的数据传输机制。

为了使用信息基础设施中现有安全的部分企业和部门,建议将其与俄罗斯联邦执行机构、国有企业或其授权的组织创建的跨部门网关相结合。由于在国防工业综合体统一信息空间框架下的信息保护要求和手段

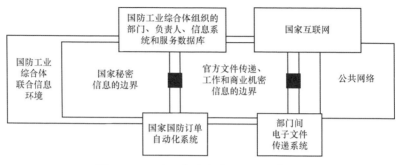

图 3.13 国防工业综合体的统一信息空间

存在显著差异,应为机密数据传输和处理创建单独回路。否则,与保护国家机密有关的各种限制将导致成本大幅增加。

在国防工业综合体各组织间进行机密文件的电子交换比较合理,在国防工业综合体统一信息空间部分开发的框架下,该部分应与国家国防采购自动化系统集成,而交换有法律意义的官方文件和机密文件时与部门间电子文件传递系统集成。为了确保国防工业综合体各组织和国有企业、部门之间通过授权组织进行电子交互,应该建立各部门、负责人和国防工业综合体各组织信息系统和服务的数据库,并保证其同步和更新。

如果俄罗斯联邦调查局制定的法令草案得到批准,国防工业综合体各组织将被纳入互联网的国家部分。这将增强国防工业综合体对外部网络威胁的防御性能。

3.2.13　信息和通信服务(图 3.14)

2020 年前应实现国防工业综合体各组织业务的自动化,最大限度地利用现有的计算机库和现有信息系统。这可以通过使用用于数据处理和存储的可信信息和通信服务,逐渐将个人计算机转移到终端模式来实现。这将在国防工业综合体统一信息空间的框架下,最大限度地降低更新通用软件版本、保护信息的成本,统一电子交互和数据交换。

国防工业综合体各组织的未来信息基础结构可以把受保护的工作站保留下来。建议将未经认证的自动化信息系统（包括外国信息系统）置于受保护的或与互联网隔离的部分。

大约三分之一的国防工业综合体组织拥有工程电子文件传递系统，建议将其作为交换具有法律意义的技术文件的主要机制。行政和工程电子文件传递系统的集成使人们对文件的去向可以统一进行统计和监管，并使用相同的数字签名工具。

使用户能够根据安全要求访问功能自动化系统和信息资源的服务，包括用户的识别认证、信息的集成和保护、用户数据的存储以及提供用户和信息系统之间电子交互的其他功能。

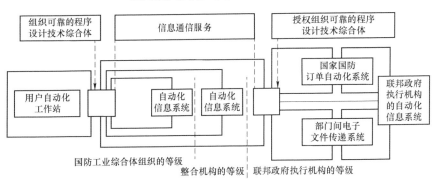

图 3.14　信息和通信服务

通过电子邮箱的信息通信服务，电子文件传递和公文处理系统的文件可自动以附件形式发送。它们之间的相互作用机制由国家标准 ГОСТ Р 53898–2013 标准化，且该机制允许在国防工业综合体统一信息空间的框架内和部门间电子文件传递系统中交换具有法律意义的文件。

企业资源管理和产品生命周期管理系统的集成将确保国防工业综合体各组织的统一管理统计和成本优化。建议将这些系统用作国家国防采购自动化系统、联邦政府执行机构的部门系统和国防工业综合体整合机构自动化系统的主要数据来源。对这些问题的研究是在武器、军用和特殊技术装备整个生命周期管理系统的开发、实施和发展概念的实施框架内进行的。

规模最大的是单个功能性自动化系统的集成，其中大多数使用自己的结构和数据存储格式。为此，有必要规范数据的组成、结构和交换数据文件存储器的格式，该文件存储器用于从一个信息系统向另一个系统传递信息。

国内统一的信息通信服务和统一的信息空间将确保国防工业综合体各组织能远程使用分类表和标准参考信息目录、真实产品、原材料、材料和配套零部件的目录和数据库，以及更高级别的功能性自动化控制系统。这将减少国防工业综合体各组织用于购买和管理具有相对较少的工作站的专业信息系统的总成本，这些专业信息系统包括工程分析、模拟、物流、维护、设备技术维护和修理管理、质量管理系统。

有关信息通信服务功能的具体要求和措施将在其发展战略中给出，该发展战略根据国防工业委员会的决议制定。

3.2.14 在国防工业综合体中推广和使用信息技术的路线图（图 3.15）

编制任务和措施清单应在编制和批准路线图草案的框架内进行，其工作草案已编制完毕，并送交有关部门、整合机构和组织批准。

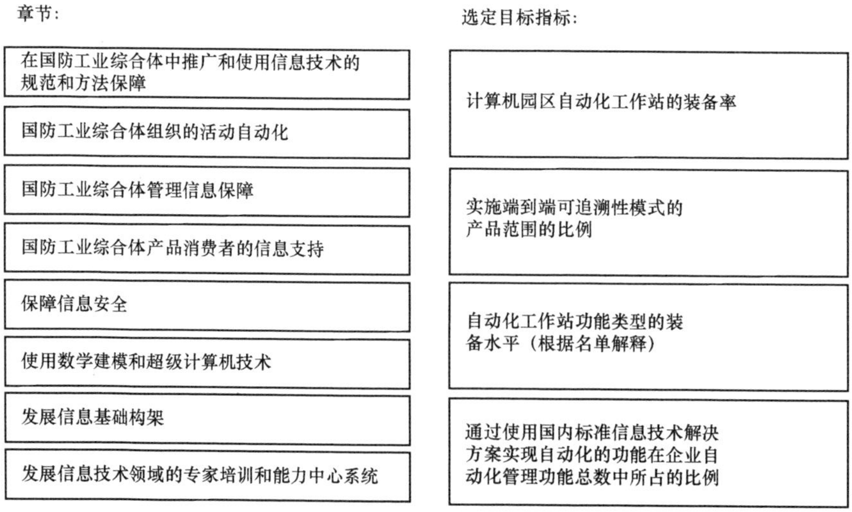

章节：	选定目标指标：
在国防工业综合体中推广和使用信息技术的规范和方法保障	计算机园区自动化工作站的装备率
国防工业综合体组织的活动自动化	
国防工业综合体管理信息保障	实施端到端可追溯性模式的产品范围的比例
国防工业综合体产品消费者的信息支持	
保障信息安全	自动化工作站功能类型的装备水平（根据名单解释）
使用数学建模和超级计算机技术	
发展信息基础构架	通过使用国内标准信息技术解决方案实现自动化的功能在企业自动化管理功能总数中所占的比例
发展信息技术领域的专家培训和能力中心系统	

图 3.15 在国防工业综合体中推广和使用信息技术的路线图

在路线图中，应根据抽样调查结果，考虑已达到的水平和变化预测确定目标指标的清单和定量值。建议使用联邦政府计划和部门计划资金、国家国防采购资金、投资计划和项目资金、国防工业综合体整合机构和组织的自有资金，以及通过公私合伙为路线图中的工作提供资金。

推广和使用信息技术路线图的措施应包括为自动化工作站各功能组制订和实施全套课程培训计划，只有在卓越中心的参与下，全套课程培训计划才可能实现。

概念和路线图实施的组织与监控机制规定：

——根据公开讨论的结果，编写俄罗斯联邦政府关于批准概念草案的命令草案；

——制定路线图工作草案；

——相关联邦政府执行机构和国有企业协调概念和路线图草案。

为了制定路线图，计划召开工作会议，由相关部门、国有企业、国防工业综合体各组织负责人和信息技术行业的专家出席。

3.3 2020 年之前，在俄罗斯联邦国防工业综合体中创建、发展和使用新技术的概念草案

项目
至 2020 年之前信息技术在俄罗斯联邦国防工业综合体中的构建、发展和使用方案
莫斯科 2014 年

标准法律基础

2013 年 12 月 12 日在联邦会议上俄罗斯联邦总统致辞；

俄罗斯联邦 2020 年前创新发展战略；

俄罗斯联邦在 2020 年之前的长期社会经济发展概念；

俄罗斯联邦在 2030 年之前的长期社会经济发展预测；

俄罗斯联邦极其重要的基础设施项目生产和工艺过程自动化控制系统安全保障方面的国家政策导向；

《行业发展及其竞争力的提高》国家计划；

《2011—2020 年发展俄罗斯联邦国防工业综合体》联邦专项计划；

《2013—2025 年发展电子和无线电电子产业》国家计划；

俄罗斯联邦政府 2009 年 9 月 22 日第 754 号《关于批准部门间电子文件传递系统规定》的命令；

俄罗斯联邦政府 2009 年 2 月 2 日第 1403–p 号《关于批准部门间电子文件传递系统与联邦执行机构电子文件传递系统互联的技术要求》的命令；

俄罗斯联邦政府 2013 年 6 月 11 日第 953–p 号令批准的措施计划（路线图）——《提高业务监管环境的质量》；

俄罗斯联邦政府 2013 年 12 月 30 日第 2602–p 号令批准的措施计划（路线图）——《发展信息技术部门》；

俄罗斯联邦 2014—2020 年以及未来 2025 年之前信息技术部门的发展战略；

在 2015 年之前在国防工业综合体中建立多层次终身教育体系的战略；

武器、军用和特种技术装备整个生命周期管理系统的开发、实施和发展的概念。

引 言

截至 2020 年在国防工业综合体中创建、发展和使用信息技术的概念（以下简称概念），确定了俄罗斯联邦国防工业综合体（以下简称 MIC）信息技术开发和使用的国家首要任务和目标，以及实现确保有竞争力的军用、两用和民用产品高效生产目标的主要方向和机制。

该概念是根据现有的标准法律文件制定的，并考虑到：

——《关于俄罗斯联邦关键信息基础设施安全》的联邦法律草案；

——俄罗斯联邦总统法令草案《有关修改俄罗斯联邦总统 2008 年 3 月 17 日第 351 号〈关于使用国际信息网络交换信息时确保俄罗斯联邦信息安全的措施〉和俄罗斯联邦互联网国家部分》；

——联邦执行机构、国有公司、国防工业综合体整合机构和组织，以及信息技术部门的提案；

——俄罗斯联邦工业和贸易部于 2012 年对国防工业综合体各组织信息技术发展与使用开展调查的结果。

该概念的主体是确定在联邦执行机构、国防工业综合体整合机构和组织中信息技术创建、发展和使用的目标、任务和原理，以及确保有竞争力的军用、两用和民用产品的高效生产目标实现的主要方向、阶段和机制。

该概念未涉及俄罗斯联邦 2014—2020 年以及未来 2025 年之前信息技术部门的发展战略中确定的问题和信息技术直接用于国防工业综合体的产品，及其使用管理的问题，考虑到武器、军用和特种技术装备整个生命周期管理系统的开发、实施和发展的概念中确定的问题，以便将其应用于出口军用产品，以及两用和民用产品。

1. 国防工业综合体信息技术发展和使用的现状、问题和趋势

俄罗斯工业和贸易部于 2012 年进行的抽样调查显示，每 100 位工程技术人员和管理人员平均拥有 82 台计算机和 81 个自动化工作站。在 504 个国防工业综合体的组织中，使用了 100 多种国内外生产的标准信息系统，其中由国防工业综合体组织直接开发或改进的系统达 130 个。

超过 23.5 万个不同功能用途的自动化工作站在其基础上运行。

用于计算机辅助设计的现有信息系统的数量最多，几乎比国防工业综合体各组织高出 27%。这是由于它们专门用于设计各类产品。设计自动化工作站的年增长率超过 13%。同时，不到 15% 的组织使用产品生命周期管理自动化工作站，而产品质量管理自动化工作站仅有七分之一的企业使用。

2013—2014 年，预计个人计算机的增长率为 6%，自动化工作场所的数量增加近 40%。这是由于信息技术和自动化工作站对国防工业综合体各组织业务效率的影响越来越大。2013 年，450 个国防工业综合体组织计划为信息技术拨款约 110 亿卢布。这比 2012 年增加了 45%，其中近 20% 的组织与 2011 年相比减少了拨款。

调查结果说明了推广和使用信息通信技术最迫切的问题，即国防工业综合体中缺乏使用电子设计、技术和操作文档、产品 3D 电子模型和工程文件传递标准、数字签名必需的标准法律保障，或保障不完善。

国家支持创建和使用有竞争力的国内软件以实现工作场所自动化，使各信息系统交互统一，同时保证信息安全，军用产品生命周期和质量管理，这些问题尚未解决。

实际上，几乎国防工业综合体的所有组织都使用国外的计算机设备和通用软件。这会使国防工业综合体的大多数组织部门对软件和硬件设备的进口产生技术依赖，且增加受到网络威胁的风险，大量资金还要用于购买应用信息系统运行所必需的 Microsoft Windows 许可证。

此外，专业高水平专家、国防工业综合体各组织提供的计划—技术、科学—方法和咨询服务所需的卓越中心系统的不足也阻碍了在国防工业综合体中推广现代化信息技术。

2012 年俄罗斯工业和贸易部在进行抽样调查的过程中，分析了 504

家企业（包含于国防工业综合体组织汇总登记表中，且由俄罗斯工业和贸易部管理）提交的信息，提供了2011年的实际数据、2012年的计划数据以及2013年和2014年的预测数据。调查显示，95%的信息系统对国防工业综合体各组织的业务效率产生中等或较大影响，自动化工作站数量的增长速度是计算机设备增长速度的数倍。这说明信息系统和自动化工作站的作用越来越大，并且它们转变为国防工业综合体组织各级生产和管理过程不可分割的部分。

为了评估2013年信息技术使用指标的实际水平、不同用途的自动化工作站的增长进程，明确预测的路线图关键指标，建议于2014年对国防工业综合体各组织汇总登记表中的所有企业进行深入调查，同时增加预测期。

1.1 国防工业综合体的信息化现状和问题

尽管工作站加速自动化呈全球性趋势，但一些国防工业综合体的企业仍然只使用会计核算信息系统和人员管理信息系统，没有独立于供货方的信息系统来监控经验的推广、通知和交流。从软件创建到大规模使用已经超过五年。

商用软件产品的功能通常不符合国防工业综合体各组织的要求，这些组织被迫使用自己开发的软件（包括基于办公软件的开发产品）。

通常的做法是使用相关企业开发者的不同软件，这常导致在信息交互过程中处理信息的失真和额外成本。在国内软件平台上实施的信息系统几乎没有涵盖生产工艺准备的全周期，以及为技术运行和售后服务提供信息支持的成套产品生命周期管理系统。

由于向电子交互过渡，在远程访问综合资源时，国防工业综合体各组织的专家集体工作会导致产生信息泄露和失真的重大风险。操作过程中的大多数外国软件通过全球数据传输网络与软件制造商互动，包括激活和验证许可证、更新软件。验证许可证后，存在阻止访问文件的情况。此外，西方信息系统供货方的许可协议通常直接禁止在军用产品中使用其软件产品，并且在危急时刻可能会停止对软件的技术支持。

在国防工业综合体各组织中广泛使用进口的远程通信设备和软件，会导致在下列各方面产生问题：

● 确保管理系统信息安全；
● 根据俄罗斯标准、分类和标记规则调整信息支持；
● 使用包含产品所有信息的数字模型设计最新的武器、军用和特殊技术装备产品时，网络威胁的风险很高。

国防工业综合体组织自动化的许多问题与缺乏专业高水平的专家有关。国防工业综合体组织信息技术开发和运营的负责人员的专业水平通常不够高。多层次终身教育体系（中等专业教育、高等和补充职业教育）的现状，以及国防工业综合体的留住人才的全套措施并不能完全满足其发展以及吸引和留住专业高水平人才的需要。

由于俄罗斯教育机构通常使用进口软件系统进行教学，这种系统是通过为大学提供优惠许可证而有目的地推进的。咨询公司经常只维护软件解决方案提供商（主要是外国软件）的利益，而不是企业的利益。由于缺乏必要的方法、人员和统一的软件产品，使部门人员再培训中心尚未准备好实施相关的培训计划。

根据调查结果，确定了推广和使用信息和通信技术最迫切的科学技术问题，这些问题是国防工业综合体所有组织共有的，与其生产活动类型或工业部门无关，即不具备必要的标准法律保障或保障不完善：

● 在国防工业综合体中使用电子设计、技术和运行文件，用于从开发到回收的产品信息支持；
● 在国防工业综合体中使用数字签名，以实现向无纸化工程文件传递和电子档案的过渡；
● 工程文件传递和产品 3D 电子模型的国家标准；
● 使用现代信息和通信技术时的信息安全。

尚未解决的问题有：

● 在企业管理、产品生命周期和质量的所有功能任务中创建和使用有竞争力的国内软件，实现工作站的自动化；
● 国家支持和促进在国防工业综合体中创建、推广和使用信息技术；
● 考虑信息系统相互作用的统一和集成，同时考虑到信息安全和应对现代威胁；

● 加强国防工业综合体产品的自动识别和可追溯性，以防止不可靠产品的流通；

● 军用、两用和民用产品的质量管理。

此外，经批准的概念、措施计划（路线图）、信息技术发展的目标指标及其监测指标，以及国防工业综合体各组织提供计划—技术、科学—方法和咨询服务所需的卓越中心系统的缺乏也阻碍了在国防工业综合体中推广现代化信息技术。

1.2　信息基础设施、信息系统和自动化工作站的发展

一项针对国防工业综合体各组织的调查显示，配有专业自动化工作站的管理人员和工程技术人员的质量和数量均有所增长。

在被调查的国防工业综合体组织中，数量最多的自动化工作站用于行政电子文件传递，其增长速率超过20%。用于生产过程业务管理的自动化工作站的年推广率超过15%，而用于产品生命周期（从开发到回收）管理的自动化工作站为13%，不过使用这些系统的国防工业综合体组织不超过四分之一。

根据调查数据可以发现，大多数国防工业综合体的各组织在其自动化系统中使用有许可证的国内应用软件以及自己开发的软件。同时根据调查数据还发现基于西门子和SAP（德国）软件以及PTC和Infor（美国）的自动化工作站数量呈增长趋势，这可能导致军用产品生命周期管理数据库完全依赖国外封闭原始码软件的使用，且增加潜在网络威胁。

调查显示，国防工业综合体各组织通常根据当前需求规划下一年信息技术的发展，很难进行两年的需求评估。管理人员和信息技术专家并未充分了解国防工业综合体其他部门使用信息系统的可能性和经验，及其发展趋势。

主要在整合机构中制订中期概念和计划，但没有考虑到进口替代和激励国内软件生产商的新方法。

1.3　信息技术的发展前景

根据对2030年之前俄罗斯联邦长期社会经济发展的预测，信息和通信技术发展的前景主要涉及云计算、新架构、解决超大规模数据问题、开发新的分析工具。

全球技术发展在很大程度上取决于数字技术和知识经济的发展，包括：
- 由于在生产过程中原则上使用了新型元件和技术，使得计算机的生产率急剧提高；
- 提高个人计算设备的便携性并降低能耗；
- 提高不同信息体间的信息交流速度，提高信息的安全性；
- 整合基础设施和云计算；
- 发展新的商业模式和数据智能分析和存储系统；
- 促进知识生产和提供知识服务领域的自动化；
- 由于广泛推广各种创新及其作为经济可持续发展基础的重要性，提高了竞争力。

根据俄罗斯联邦2014—2020年以及2025年之前信息技术部门的发展战略，在俄罗斯联邦优先发展智能系统，该系统允许国防工业综合体组织员工管理工作的进一步自动化，提高劳动生产率，创造大量新的高绩效工作岗位，提高企业的经济效率。

随着威胁的增长和俄罗斯联邦立法、国家和各部门标准要求的加强，信息技术发展的一个重要趋势将是多次提高保障信息安全的重要性。为了保障国家国防力量、在两用技术领域的安全性和竞争力，要求发展国内微电子技术。为了完成国家机构和国防工业综合体各组织的任务，有必要制订和实施安全性较高的信息技术产品的进口替代计划。

在国防工业综合体中，信息技术领域最有前途的研究领域包括：
- 生产的机器人化和自动化；
- 计算机模拟的应用；
- 信息保护与传输技术；
- 具有人工智能元素的实时决策软件技术。

1.4 信息技术在国防工业综合体中的作用

为了提高有竞争力的军用、两用和民用产品产量，对国防工业综合体各企业而言，设计技术解决方案和生产过程须达到一个新的水平。但是，由于俄罗斯联邦国防工业综合体中许多企业在组织生产和信息技术利用方面的现代化水平相当落后，大量拨款更新设备可能不够有效。

信息技术在国防工业综合体经济中的作用取决于等级层面——独立企业、整合机构、国防工业综合体的各部门、跨部门层面。

1）企业层面

对国防工业综合体的企业而言，产品要求、数量和生产日期主要由国防订单和军事技术合作出口合同规定。同时，产品的质量和竞争力在很大程度上取决于产品设计和生产的自动化，包括使用产品3D电子模型组织设计和准备生产的全过程。

为了按期交付，实现生产规划和生产业务管理，以及企业业务管理的自动化是必要的。需要在生产的各个阶段控制产品和配套零部件的运输和质量，从订单和批次的角度进行详细的成本核算和规划（考虑可用资源和外部因素）。

2）整合机构层面

国防工业综合体整合机构的主要任务之一是组织开发人员、设计人员、参与产品创建的企业技术人员以及确保材料和配套零部件供货和质量控制的组织和部门之间的互动。这种交互需要建立单一的信息空间和信息基础设施，以确保单一技术的数据交换和集体工作。

整合机构的任务和自动化管理系统的组成不断扩大。如果在整合机构形成的初期，主要解决财务规划和资产管理的任务，那么目前的整合机构需要产品生命周期和子公司业务管理综合自动化。将一些子公司重组、整合和转变为此类主要整合机构的分支机构，如"阿尔马兹—安泰（Almaz-Antey）"联合航空制造公司与防空康采恩，这伴随着控股公司职权和功能的增加、信息技术的作用和自动化系统集成作用的增加。

但是，由于企业所用软件的不兼容性，以及缺乏统一的信息系统支持企业标准，国防工业综合体控股公司综合信息系统的推广受到了阻碍。因此，创建统一的信息技术和生产环境的意愿通常是通过在分支机构中推广国外信息系统实现的，这些系统作用于控股公司的主导企业。

因此，为确保进口替代，有必要制定国内可信软件优先使用的方案和机制，这些软件可以实现国防工业综合体整合机构主要流程自动化的最大机能要求,并具有与企业层面信息系统集成(一方面)和部门系统集成(另一方面)的开放式交互界面。

3)部门层面

在部门层面,要求联邦机构完成如下复杂任务:

协调大型武器开发和推广、提高国防工业综合体组织的技术水平、确保俄罗斯国防工业综合体的创新发展和国家应对安全的威胁。完成此类任务的工具是部门信息与分析系统,该系统用于支持国防工业综合体组织在业务监测、分析、规划和预测领域的解决方案。

部门系统应规定对数据和信息流的要求,数据和信息流在国防工业综合体的组织和控股公司层面形成,并在部门层面进行整合、处理和分析。为此,有必要由产品全生命周期管理信息兼容系统和国防工业综合体各组织业务管理系统形成数据。

4)跨部门层面

在跨部门层面,俄罗斯国防工业综合体面临着提高管理武器、军用和特殊技术设备及出口军用产品生命周期过程效率的任务。其中一个最棘手的问题是向用户提供国防工业综合体的产品、武器及军事技术装备售后服务的信息。

国防工业综合体统一信息空间、国家国防采购财务和技术风险评估自动化系统(国家国防采购自动化系统)、跨部门军用产品质量保证系统以及其他跨部门系统的建立,促进了国防工业综合体各组织、控股公司和部门信息系统的发展与统一。

必须采取其他措施发展部门间工程电子文件传递、产品与配套零部件目录、标准技术文件、使用3D模型的原始电子技术文件档案系统,还应集中和简化信息保护和反网络威胁的手段。

2. 国防工业综合体发展和使用信息技术的目标与原理

概念实施后应实现以下目标:

● 通过实现国防工业综合体各组织活动管理的综合自动化,提高劳动生产率;

● 通过实现产品加工、生产、维护、生命周期与质量管理的自动化,加速创建和提高国防工业综合体产品的竞争力；

● 通过自动访问和使用俄罗斯联邦与外国的目标数据库（包括科学出版物和专利说明），并将信息资源翻译成俄文，提高产品开发和生产的效率；

● 通过数学建模和高性能计算的应用，推广虚拟设计技术、数字化生产技术和测试技术。

● 通过实现资源管理的自动化，优化设备、材料和财务资源的使用；

● 通过形成国防工业综合体的统一信息空间以及向电子交互、文件传递和监测的过渡，提高管理决策的效率；

● 通过加速国内软件的创建和推广及进口替代，确保信息技术的追赶发展和本土竞争力。

国防工业综合体信息技术的创建、发展和使用的一般原则：

继承性——在国防工业综合体中合理使用现有的信息技术解决方案和各组成部分；

阶段性——应该分阶段实施这一概念，应根据修订且获得认可的措施推行制定的标准、组织方法等方案；

设计与规划性——计划中的措施应侧重于项目方法的实施，相互关联项目组的管理侧重于计划方法的实现；

适应性——典型的解决方案应该允许制定具体业务流程的管理目标，并考虑到产品的创建、生产和运营的特殊性；

信息灵活性——考虑到各种待完成的任务类型不同和军用、两用和民用产品的特点，业务流程信息支持的方法和手段应根据所提供过程的各部分的需要进行改进；

开放性——开发和实施的信息系统应保证推广发展所必需的新要素和技术的可能性，以及与其他系统进行信息交互的可能性；

防护性——开发和实施的信息系统应保护其中传播的信息免受未经授权的访问，不被注销、修改、阻止、复制，且不发生其他与此类信息相关的违法行为；

发展的连续性——计划中的措施应根据实际应用经验不断改进标

准法律保障、标准技术和计划支持技术。

在国防工业综合体中，信息技术的创建、发展和使用的基本机制是：

- 使用具有法律意义的电子模型和技术文件；
- 形成国防工业综合体统一信息空间；
- 保障信息安全；
- 信息系统相互作用的标准化和统一化；
- 国防工业综合体产品生命周期管理的自动化；
- 国防工业综合体各组织业务管理的综合自动化；
- 发展数学建模和高性能计算；
- 使用远程访问分布式处理和存储信息；
- 目录、档案和标准技术保障的集中化；
- 优先发展国内有竞争力的软件和硬件，以及进口替代；
- 发展国防工业综合体的信息技术市场和外部采办；
- 政府支持在国防工业综合体中引入和使用现代信息技术，并发展公私伙伴关系；
- 形成卓越中心系统；
- 监测和预测国防工业综合体信息技术的发展和使用。

可以扩充上述清单，以反映实施试验性方案、完善国防工业综合体各部门和整合机构发展战略的经验。

3. 在国防工业综合体中创建、发展和使用信息技术的任务

根据列出的目标、原则和机制，并考虑到俄罗斯联邦执行机构、国有公司和国防工业综合体各组织的提议，建议在国防工业综合体中创建、发展和使用信息技术的任务应包括以下几项：

- 过渡到有法律意义的电子文件（设计、技术和生产文件）和3D模型的全电子交换、使用和存档技术，包括制定标准方法保障和创建必要的信息技术基础设施；
- 为了实现政府客户、国防工业综合体整合机构和各组织自动化工作站信息的快速交换和相互作用，包括军用、两用和民用产品生命周期和质量管理、与国防工业综合体现有和开发中的信息系统的集合（包括

国家国防采购自动化系统和跨部门军用产品质量保证系统），创建统一信息空间；

● 考虑到信息安全和商业与国家机密相关信息保护的要求，形成并推广国防工业综合体统一信息空间参与者登记册；

● 在国防工业综合体各组织的信息通信局域网和国防工业综合体统一信息空间受保护部分的范围内，使用已认证的信息保护手段保障信息安全，优化保障政府、官方和商业机密相关信息安全的成本；

● 国防工业综合体各组织、整合机构和管理部门的信息系统（包括国防工业综合体各组织的设计、产品生命周期管理和业务管理系统）相互作用的标准、规范和统一方法的协调与制定；

● 提高国防工业综合体各组织的企业管理、设计、生产、工程文件传递、产品质量和生命周期管理自动化的水平和综合性，对生命周期长的过程进行情景建模；

● 发展并改进国内使用并行高性能计算的仿真（数学）建模软件，构建可以远程访问的超级计算机中心系统，虚拟企业内产品设计和制造过程的信息集成，以及产品相关数据的获取、验证、存储、提交方法的制定；

● 在国防工业综合体统一信息空间内，建立多层的数据处理中心、国内统一的信息分布式处理和存储设备的基础设施，同时顾及信息安全；

● 建立集中式标准参考信息管理系统；

● 创建电子技术文件和标准方法保障的集中目录和档案，包括真实产品、材料和配套零部件、自动化技术和国防工业综合体各组织自动化工作站的目录和数据库；

● 发展并优先使用国内有竞争力的软件和硬件，增强国内开发人员对国防工业综合体各组织工作场所整个功能区自动化的兴趣；

● 从受保护的移动装置到国内受保护的移动硬件组件，应发展其生产并应用；

● 制定国防工业综合体各组织自动化工作站市场发展和进口替代

的国家调节机制；

● 通过外部采办，形成计划方法支持和为国防工业综合体各组织提供信息服务的卓越中心系统；

● 国家支持在实施联邦目标计划、建设项目、现代化和技术改造项目、国防工业综合体各组织创新发展计划，以及公私伙伴关系的范围内，创建、推广和使用现代信息技术；

● 为了联邦执行机构、国防工业综合体整合机构和企业的利益，为信息技术领域的工作提供基础和补充职业教育；

● 持续监测和预测国防工业综合体中信息技术的发展和使用，包括定期对国防工业综合体各组织进行抽样调查并完善国家统计，以促进现代信息技术的推广和具体指标的实现。

4. 概念实施的主要方向

国家对国防工业综合体各组织业务自动化和管理的支持应包括：

● 改进标准法律保障、标准技术保障和方法保障；

● 针对国防工业综合体的各组织，促进国内有竞争力的信息技术的创建、推广和使用；

● 建立国防工业综合体统一信息空间，以保障信息安全；

● 形成并管理国防工业综合体统一信息空间参与者的登记册；

● 在国防工业综合体各组织的建设、现代化和技术改造过程中，推广和发展信息技术；

● 创建并发展联邦产品编目系统，以便与国际（包括北约）编目要求相协调，并与外国编目机构进行电子数据交换；

● 俄罗斯工业和贸易部监督和预测国防工业综合体各组织对信息技术的使用情况，向它们介绍国内自动化系统和软硬件的使用经验；

● 组织专家培训，并为国防工业综合体各组织推广和使用主要基于国内软件和硬件的信息技术提供计划技术、科学方法和协商支持，包括形成卓越中心系统；

● 国家客户优先使用具有竞争力的国内软件和硬件。

在2020年前国防工业综合体推广和使用信息技术的措施计划（"路

线图")的框架内,在跨部门层面规划并调整工作。

提高设计、生产和管理决策的质量,提高劳动生产率,国防工业综合体各组织业务综合自动化,都要求制定并实施创建和实施信息技术的新方法,包括推广远程控制的分布式系统,基于复杂技术系统仿真建模、现代企业管理方法和模型、业务流程软件、信息录入和存储程序的高科技产品虚拟设计技术。

创建数据分布式处理和存储的国内有竞争力的信息通信服务将加速进口替代,最大限度地降低保护国家、官方和商业机密相关信息的成本,在国防工业综合体统一信息空间内统一电子交互和数据交换。

4.1 国防工业综合体各组织业务的自动化

国防工业综合体各组织的先进信息基础设施包括以下组成部分:

● 国内信息和通信服务,可以保证注册用户个人计算机的连接、识别和访问,限制传输数据的编码、存储和处理,以及在国防工业综合体统一信息空间内使用加密和数字签名认证工具进行远程交互;

● 在访问受控区内,用于国防工业综合体各组织现有局域网中信息通信服务相互作用时输入和显示信息的用户个人计算机;

● 安全的集体工作站,用于将文档和电子文件复制到可移动电子载体或打印到纸上;

● 受保护的专业工作站,配备适用于3D建模和设计的专业视频适配器,或用于其他附加设备;

● 现有和正在推广的非认证应用自动化系统的服务器,包括外国产品,位于互联网的受保护部分或与互联网隔离;

● 使用经过认证的保护设备处理个人数据的自动化系统(包括会计核算和人员管理系统)服务器;

● 配备有认证保护装置的软件和硬件组合服务器,用于处理无法通过信息通信服务处理的国家机密信息。

这种方法将允许在现有个人计算机的基础上,逐步(进化)发展国防工业综合体各组织的信息基础设施,并确保信息系统的连续性。简化个人计算机的功能和要求,并将限制传输数据存储转移到受保护的信息通信服务中，这将允许通过国内可信软件逐步实现软件的进口替代。通过为同时工作的用户购买少量应用软件许可证，可以实现额外的成本节省。

在实施联邦目标计划、建设项目、现代化和技术改造项目、国防工业综合体各组织创新发展计划的范围内，创建并推广信息通信服务。这将在进行设计、生产、工程文件传递、各组织产品生命周期和质量管理时，在国防工业综合体统一信息空间和互联网国家部分范围内，保证国防工业综合体各组织、整合机构、国防工业综合体产品供货方和用户的远程交互和文件传递，简化对国防工业综合体产品的售后运营和维护，以及企业（作为整合机构的一部分）管理自动化的信息支持。考虑到访问受控区域（包括分公司和独立部门）的数量，对于任意数量的国防工业综合体各组织的虚拟工作站，应规定信息通信服务的数量。

国内统一信息通信服务和统一信息空间将确保国防工业综合体各组织的远程使用集中分类表和标准参考信息目录，真实产品、材料和配套零部件的目录和数据库，以及更高级别的功能性自动化控制系统。这将降低国防组织在数量相对较少的工作场所获取和管理专业信息系统——包括工程分析系统，建模、物流、服务、维护服务管理和设备维修以及产品质量管理系统的成本。

直接在国防工业综合体各组织中适当发展并使用具有大量自动化工作站的系统，包括电子行政和工程文件传递、生产过程业务管理、产品生命周期管理，以及管理统计、会计核算、人员管理和库存统计系统，调度和监测、计算产品成本和费用、计算材料和配套件需求、工艺过程控制、业务生产规划等系统。

对于许多自动化系统（例如生产和销售计划、财务管理、销售管理、库存管理）而言，与更高水平的系统集成使用时，可显著提高经济效率。加快创建军用、两用和民用新品时，需要整合和集体使用构成整合机构的设计与生产的工艺准备系统。

在补充职业教育和国防工业综合体卓越中心举办的研讨会的框架内，对国防工业综合体的用户和专家进行培训，培训内容为国内有竞争力的自动化信息系统和统一信息通信服务的实际应用。

国家对国防工业综合体各组织业务自动化的支持应包括：

● 改进在国防工业综合体各组织中推广和使用信息技术的标准法律保障、标准技术保障和方法保障；

● 针对国防工业综合体的各组织，促进国内有竞争力的信息技术的创建、推广和使用；

● 制定国内有竞争力的虚拟工作站统一信息通信服务发展战略；

● 使用开放式标准，创建典型的信息通信服务的软硬件综合体，并在免费的基础上推广，但信息保护手段和维护服务除外；

● 在国防工业综合体各组织的建设、现代化和技术改造过程中，推广和发展信息技术与自动化工作站；

● 监督国防工业综合体各组织，并向其介绍国内自动化系统和软硬件的使用经验；

● 组织专家培训，并为国防工业综合体各组织推广和使用信息技术提供计划技术、科学方法和协商支持，包括形成卓越中心系统。

4.2 管理国防工业综合体的信息支持

从整合机构层面、部门层面和跨部门层面为国防工业综合体的管理提供信息保障。

整合机构层面的信息保障涵盖了产品生命周期、国防工业综合体各组织业务与发展，以及投资、创新、试验性项目等管理系统，产业管理、技术改造和子公司信息化管理系统相关的所有问题。这些问题属于整合机构管理层和相关部门的职权范围，并在企业计划中实施。

部门层面的信息保障通常包括协调政府合同和工作的实施、国防工业综合体各组织业务的监测和国家支持、创新发展、军事技术合作和实施对外贸易合同、使用新型战略材料的信息系统等。

在跨部门层面应解决如下问题：国防采购和军用产品质量管理（国家国防采购自动化系统、跨部门军用产品质量保证系统等），产品和配套零部件样品的定价，武器和军用技术装备的出口管理，创建项目及武器、军用和特殊技术装备全生命周期的管理，供应件目录，其他军用和两用成品、材料、配套零部件目录。在这一层面上，创建并发展统一信息空间、有竞争力的典型信息技术服务，形成电子技术文件集中目录、档案和保险基金，保证国防工业综合体各组织电子交互的信息安全和应对网络威胁，改善国家统计，以促进现代信息技术的推广和实现具体的指标。

应规定国家软硬件综合体的发展、国家客户优先使用国内有竞争力的可信的软件和硬件，增强国内开发人员对国防工业综合体各组织工作场所整个功能区自动化的兴趣。

在跨部门层面，协调对联邦目标计划、建筑项目、现代化和技术改造项目框架内现代信息技术的创建、推广和使用的国家支持，建立公私伙伴关系和卓越中心系统，以及为国防工业综合体发展基础和补充职业教育。

在2020年前国防工业综合体推广和使用信息技术的措施计划（"路线图"）的框架内，在跨部门层面规划并调整工作。

4.3　对国防工业综合体产品用户的信息支持

为国防工业综合体军用、民用和两用产品（包括国外产品）的用户提供信息支持，规定产品生命周期管理信息技术的发展和推广，包括技术维护和修理：

● 考虑到国际标准文件的要求，改进对国防工业综合体产品生命周期信息支持的法律和标准技术调整；

● 形成"订货方—开发者—生产者—运营者"的整合信息环境和必要的信息基础设施；

● 发展持续采办和全生命周期支持（CALS）技术的科学方法和计划技术保障；

● 分析俄罗斯和国外持续采办和全生命周期支持（CALS）技术的实施和使用的最佳实践，并编写其应用于国防工业综合体各组织的方法建议。

为了增强国防工业综合体各组织的出口潜力，还应将基于国际标准的编目程序引入两用和民用产品中。

应根据国际标准，在使用信息模型的基础上编写并推广信息系统和为国防工业综合体产品提供高效售后维护的方法建议，所用信息模型应：

- 分析后勤支持；
- 准备和维护电子运行文件；
- 支持产品的技术维护和修理过程，包括技术维护、修理和材料技术支持；
- 在运营阶段反馈和监控产品特性。

5. 标准方法保障

政府对在国防工业综合体中推广和使用信息技术的调整应规定：
- 形成并管理国防工业综合体统一信息空间参与者的登记册；
- 调整关于在民用经济部门和国防工业综合体中使用信息技术的主要国家标准和国际标准；
- 优先发展和使用开放式标准，以确保不同用途的信息系统的兼容性和相互作用；
- 规范数字签名和电子技术文件的原件（包括3D模型）的使用；
- 统一军用、两用和民用产品（包括武器、军用和特殊技术装备）生命周期信息保障标准的措施；
- 生产特定类型的军用、两用和民用产品的直接生产成本管理核算的标准化；
- 通过虚拟设计和高性能计算，为高科技部门产品样本模拟建立工业标准；
- 改进联邦统计监督系统和关于国防工业综合体组织使用信息技术和自动化工作站情况的部门报告。

5.1 标准与规范的协调与发展

标准与规范的协调与发展是影响国防工业综合体信息技术的创建、发展和使用的关键因素之一，还同时保障信息安全。国防工业综合体各组织中现代信息技术的统一使用标准和规范的制订计划中考虑到了这一点。

标准化应包括：
- 信息创建、存储、表示和传输格式；
- 信息交互协议；
- 信息处理方法；

- 保护信息，防止其在交换过程中失真的方法；
- 信息认证和验证方法；
- 国防工业综合体信息系统中所用标准参考信息体的创建、更新和使用的方法；
- 生产过程和作为各组织信息系统模拟对象的其他过程的组织方法；
- 各组织信息系统的创建、使用和发展的管理方法。

5.2 电子文件使用规定

对于设计、技术、操作和其他科学技术电子文件（包括产品 3D 模型）的使用和存档，必须定出电子文件的使用规则。

这需要制定和统一标准，以确保在以下领域向无纸化信息技术和数字化生产模式的过渡：

- 基于虚拟设计技术的超级计算机建模；
- 作为使用信息认证表的补充，还应确保电子和纸质文件之间真实对应；
- 在发布设计文件时，确定产品电子模型的法律地位；
- 使用 3D 模型作为文件的原件，并使用数字签名，在确定产品的信息支持（从开发到回收）中使用数字签名的规则；
- 在设计和生产的技术周期中引入计算机模型；
- 确定编写电子技术文件（3D 模型和图纸）劳动投入的计算标准；
- 规范企业和部门间电子文件的传递，确定电子报告文件和电子档案的法律地位。

5.3 国防工业综合体产品生命周期管理的标准化

武器、军用和特种技术装备全生命周期管理系统的开发、推广和发展的概念中反映的标准和规则的编制与完善，这些标准和规则必须与国际标准系统相协调，以便将其应用于出口军用产品，并确保全套军事标准（俄罗斯国家军事标准 ГОСТ РВ）在国家标准系统（俄罗斯国家标准 ГОСТ Р 和国家标准 ГОСТ）中的适用性，以便将其应用于军用和民用产品中。

5.4 国防工业综合体各组织业务管理的标准化

国防工业综合体业务管理过程规则的制定，要求制定并协调如下领域的标准：

● 利用信息和通信技术，在国防工业综合体各组织中使用项目和过程管理；

● 利用信息和通信技术，完善国防工业综合体各组织的管理统计；

● 在国防工业综合体各组织中，使用决策信息支持的标准程序；

● 在支持国防工业综合体产品全生命周期的项目中，识别和评估与国防工业综合体各组织业务相关的风险；

● 整合企业资源规划系统和部门分析管理系统；

● 国防工业综合体各组织在编制和实行管理效率指标清单的过程中使用信息通信技术、评估这些指标的方法和指标，评估管理效率；

● 对于民用和两用产品的预订和购买、公私合作伙伴关系，应给电子预购系统提供标准法律保障。

5.5 调整国防工业综合体中信息技术的使用与推广

2020年国防工业综合体信息技术的推广和使用措施方案（"路线图"）应制定并反映在国防工业综合体信息化过程中国家调整的目标、指标和具体措施。

必须规范数字签名的使用、含有国家机密的有法律意义的电子文件的使用。因此，可将3D模型、其他武器、军用和特殊技术装备（国家国防采购范围内）的生产设计、技术、运行和科学技术电子文件用作原件。

要求根据国际标准，在使用信息模型的基础上，编写国防工业综合体产品售后服务的方法建议，该方法建议应提供：

● 分析后勤支持；

● 准备和维护电子运行文件；

● 支持产品的技术维护和修理过程，包括维护、修理和材料技术支持；

● 在运营阶段反馈和监控产品特性。

通过协调国防工业综合体军用、两用和民用产品用户信息支持的标准、统一技术和方法保障，可以降低成本，提高竞争力，加快产品向国内外市场的推广。

6. 信息安全保障

国家对信息安全保障问题的调整应：

● 完善信息保护的标准法律保障；

● 制定对信息安全工具及其认证的特殊要求，包括使用虚拟化和远程访问；

● 确保国防工业综合体统一信息空间基础设施的信息安全，该基础设施包括国家国防采购自动化系统和俄罗斯联邦互联网的国家部分。

根据俄罗斯联邦重点基础设施工程（以下简称重点工程）的生产和工艺过程自动化控制系统安全保障方面的国家政策的主要方向，在2014—2016年应：

● 制定法规，包括规定重点工程自动化控制系统的开发、启用、运营和现代化的顺序的法规，发现和预防重要信息基础设施计算机攻击的统一国家系统的作用规则和评估基础设施各要素的防护性能的规则；

● 对重点工程的自动化控制系统进行认证；

● 实施旨在减少俄罗斯客户间在境外的信息交流的措施；

● 对于重点工程和其他重要信息基础设施的自动化控制系统，开发保护和保障其安全的综合系统，该系统符合当前信息技术的发展水平，最大限度地减少维护人员参与系统软硬件的调整和运行过程；

● 确定用于重点工程和重要信息基础设施安全保障措施方案和计划实施的财政资源的必要数额和来源（预算和非预算）。

2017—2020年，措施应包括：

● 对于重点工程和其他重要信息基础设施的自动化控制系统，推广保护和保障其安全的综合系统，该系统符合当前信息技术的发展水平，最大限度地减少维护人员参与系统软硬件的调整和运行过程；

● 实施一系列组织、法律、经济和科学技术措施，以阻止俄罗斯客户在外国领土上的信息交流；

● 启用重点工程和其他重要信息基础设施自动化控制系统中使用

的首批参考软件存储库；

● 为重点工程自动化控制系统创建经济上可行的专业信息技术，在技术层面排除或最大限度地减少强制保护信息的交换。

目前，俄罗斯联邦总统2008年3月17日第351号《关于使用国际信息网络交换信息时确保俄罗斯联邦信息安全的措施》中规定：保护国防工业综合体各组织自动化控制系统的主要方式是将其与公共网络（包括互联网）进行物理隔离。这样可以在使用国外硬件和软件时，以最低成本确保信息安全，但却限制了使用现代信息技术的有效性。

在准备提交俄罗斯联邦最高权力机关《关于俄罗斯联邦重要信息基础设施安全》的联邦法律草案和俄罗斯联邦总统法令草案《有关修改俄罗斯联邦总统2008年3月17日第351号〈关于使用国际信息网络交换信息时确保俄罗斯联邦信息安全的措施〉和俄罗斯联邦互联网国家部分》中，规定国防工业综合体各组织自动化控制系统必要的保护措施。

关于重要信息基础设施和俄罗斯联邦互联网国家部分安全的法律草案，应编写并批准标准文件和有关国防工业综合体各组织具体信息安全问题的细则。此时，必须单独规定危险等级和简化的保护机制，以防止与公共网络隔离的国防工业综合体各组织的局域网受到网络威胁，包括用编码取代数据加密的措施。

对于国防工业综合体各组织自动化控制系统，开发并推广保护和保障其安全的综合系统，该系统符合当前信息技术的发展水平，最大限度地减少维护人员参与系统软硬件的调整和运行过程，同时考虑到创建可信软硬件环境的措施。为了推动进口替代和节省成本，应在国内电子元件基础上使用可信软件和硬件时，制定简化的信息保护标准技术要求，同时考虑到降低实现潜在网络威胁的可能性。

接入公共网络处理限制传输的信息时，国防工业综合体各组织使用国外软件应规定一系列措施，以防止在外国领土上进行信息交换。在国防工业综合体中创建的统一信息空间范围内，有必要制定受保护的远程访问和有法律意义的电子文件传递的信息安全标准技术要求，以及对集中形成和实施统一信息空间参与者的登记册、发现和预防计算机攻击的标准技术要求。

7. 数学建模与超级计算机技术的应用

政府对国防工业综合体使用高性能计算的支持应规定：

——在国防工业综合体各组织中创建并推广国产小型超级计算机，以及建立高性能计算中心的分布式系统；

——为国防工业综合体各组织提供计算资源，以安全的远程访问方式进行高科技计算；

——基于国内软件为国防工业综合体的产品创建全尺寸计算机模型和虚拟设计技术。

在国防工业综合体中使用数学建模和高性能（超级计算机）计算需要制定：

——在国防工业综合体产品的设计、生产准备、试验中使用高性能计算和数学计算机建模方法的一般要求；

——使用高性能计算进行计算机建模的软件包的认证要求；

——需要标准化的超级计算机技术清单，以及对其经济效率的评估；

——对使用高性能计算技术的专业人员的资格要求。

有必要创建使用高性能计算和国内几何核心的任务目录和数学模型库目录，调整和扩展国内模拟软件包的功能，以提高数学建模和超级计算机技术的使用效率。

对于国防工业综合体军用、两用和民用产品的设计和试验，应建立典型的全尺寸计算机模型，包括：

- "虚拟飞机——发动机"，用于创建有前景的航空系统及其组件；
- "虚拟汽车"，用于制造有前景的交通工具，包括装甲车辆；
- 火箭组件的虚拟模型，用于创建新型宇宙火箭系统；
- 船舶动力装置的虚拟模型。

数学建模和高性能计算的引入将提高国防工业综合体产品的竞争力，缩短开发时间，降低新型高科技军用、两用和民用产品的试验和改进成本。

8. 信息资源整合

国家对信息资源整合的支持应包括：

——形成并管理国防工业综合体统一信息空间参与者的登记册；

——设计、生产的工艺准备、产品生命周期管理、企业资源管理自动化系统信息交互的统一化和标准化；

——形成国防工业综合体统一信息空间，以及整合国防工业综合体各组织系统与国家国防采购自动化系统和联邦执行机构部分系统。

同时，国家国防采购供应的解决方案（未被归类为秘密）可应用于国防工业综合体各组织民用经济领域业务管理的自动化。

整合国防工业综合体各组织信息系统的统一手段应包括：

a）用于传输、存储和记录信息的电子邮件，包括使用简单的内置数字签名工具的电子邮件。超过97%的国防工业综合体各组织使用的所有电子邮件系统都使用符合国家和国际标准的统一消息格式，并提供不限用户数量的大量信息的异步电子交换，包括加密空间和其他具有低带宽和高数据传输延迟的信道。

通过使用俄罗斯联邦警卫局电子邮件规范和技术手段，在部门间电子文件传递系统中有效地实现了开放和分类服务信息的跨部门交换。国防工业综合体各组织将电子邮件广泛应用于与互联网隔离的局域网中。可以使用可移动载体（包括机要通信装置）来执行隔离段之间的电子消息格式的信息传输。

国防工业综合体统一信息空间参与者登记册的形成和集中维护将允许使用电子邮件作为在国防工业综合体统一信息空间框架内主要的数据传输机制。

b）用于传输、协调、存储和记录文件的行政电子文件传递和公文处理系统，包括使用加强的合格数字签名的系统。目前超过三分之一的国防工业综合体组织拥有这些系统，系统使用统一的文件交换格式，包括符合国家标准 ГОСТ Р 53898 的格式。根据俄罗斯联邦政府 2012 年 9 月 6 日第 890 号法令，到 2017 年年底，所有联邦执行机构应过渡到部门间电子文件传递系统范围内的具有法律意义的电子文件传递。

应根据部门间电子文件传递系统的要求和国家标准 ГОСТ Р 53898—2013 的要求，将行政电子文件传递系统用作在国防工业综合体统一信息空间内有法律意义的文件交换的基本机制。

c）工程电子文件传递系统用于传输、协调、存储和统计设计、技术和运行文件。约有三分之一的国防工业综合体组织拥有此类系统，该系统使用标准化格式来处理符合国际和国家标准的文件。行政和工程电子文件传递系统的集成使得可以对文件去向进行统一统计和监管，以及使用相同的数字签名工具。

建议使用电子工程文件传递系统作为在国防工业综合体各组织和整合机构内有法律意义的技术文件的基本交换机制。

d）整合国防工业综合体各组织的财务经济和生产技术数据的企业资源管理（ERP）系统和产品生命周期管理（PLM）系统。它们的整合将保证统一的管理统计和成本优化。建议将 ERP 和 PLM 系统用作国家国防采购自动化系统、联邦执行机构的部门系统和国防工业综合体整合机构自动化系统的主要数据来源。

e）国防工业综合体各组织功能自动化系统的整合系统（用于提高效率）。国防工业综合体各组织的大多数现有应用信息系统使用自有数据存储结构和格式。为了整合信息系统，有必要规范数据的组成和结构，以保证其兼容性，规范交换的数据文件存储器的格式，该文件存储器用于从一个信息系统向另一个系统传递信息。

不同自动化系统的现代化和信息交互、统一和整合是提高国防工业综合体各组织竞争力和效率的必要条件。

9. 信息基础设施发展

国家对信息基础设施发展的支持应包括：

——创建国防工业综合体受保护的电信基础设施；

——将国防工业综合体的企业和组织连接到统一信息空间中；

——为国防工业综合体各部门和整合机构创建数据处理中心系统，包括限制传输的电子技术文件的档案存储系统。

已经公布的俄罗斯联邦总统法令草案《有关修改俄罗斯联邦总统2008 年 3 月 17 日第 351 号〈关于使用国际信息网络交换信息时确保俄罗斯联邦信息安全的措施〉和俄罗斯联邦互联网国家部分》中，规定了建立国防工业综合体统一信息空间的补充措施。接入国家国防采购自动化系统和俄罗斯联邦互联网国家部分将增加国防工业综合体各组织使用限制传输信息分布式处理技术的可能性，限制传输信息在国防工业综合体各部门和整合机构的数据处理中心得到加强。

由于在国防工业综合体统一信息空间内，信息保护标准技术要求和手段存在显著差异，应为国家机密相关数据和信息传输及处理创建单独回路。否则，与处理机密信息有关的限制将导致成本大幅增加，并将限制国防工业综合体各组织对有竞争力的民用和两用产品以及出口军用技术装备的开发和生产。

为了使用机密数据交换信息基础设施中现有安全的企业和部门部分，建议在国防工业综合体统一信息空间内将其与联邦执行机构、国有企业或其授权的组织创建的跨部门网关相结合。按照俄罗斯联邦政府2012年9月6日第890号决议和国家标准ГОСТ Р 53898—2013，建议根据联邦执行机构信息技术基础设施的准备程度，通过连接到部门间的电子文件传递系统，实现国防工业综合体各组织有法律意义的电子文件传递。在国家国防采购自动化系统发展的范围内，规定国防工业综合体各组织间有法律意义的国家机密相关文件的电子交换。

为了优化成本，应使用统一可信的软硬件系统，在对应范围内连接到国防工业综合体统一信息空间中，以确保联邦执行机构、国防工业综合体整合机构和组织自动化系统的交互。应在联邦目标计划和部门计划，以及整合机构发展计划中规定确保国防工业综合体各组织部门系统和公司系统（包括产品生命周期管理系统）的信息兼容性和交互的工作。

10. 专家培训与卓越中心系统的发展

国家对信息技术领域专家培训与卓越中心系统发展的支持应规定：

- 建立卓越中心系统，为信息系统的创建和发展提供软硬件和方法支持，就现代信息技术（包括基于国内软件和硬件的信息技术）的应用问题为国防工业综合体各组织准备建议和答疑；
- 组织会议和展览活动，向国防工业综合体整合机构和组织的中高层管理人员介绍使用信息技术的机会和经验；

● 协调人才培训和再培训计划的发展。

确定国防工业综合体人才发展和智力潜力的发展属于俄罗斯联邦国防工业综合体发展方面国家政策的优先发展方向。受俄罗斯联邦政府委托，2015年之前在国防工业综合体中建立多层次终身教育体系战略及其实施行动计划均已制定并正在实施中。

为了培养专业高水平专家，有必要调整教学大纲，并实行计算机建模、产品质量计算机管理、高科技产品生命周期各阶段的电子支持等专业课程。在专家的补充教育和再培训系统中，有必要编写一套自动化工作站功能组的技能提高大纲并实施。

对于中层管理人员来说，学习产品生命周期管理和企业管理系统非常重要，包括在统一信息空间中组织生产的方法。

对于中高层管理人员而言，需要一系列会议和展览活动，概述有前景的信息技术解决方案和国防工业综合体中信息技术的最佳应用实践。

11. 预期结果和实施阶段

概念和路线图措施的实施将增强国防能力和国家安全，提高国防工业综合体产品在国内和国际市场的竞争力，并确保国防工业综合体各组织与供货方、用户和管理机构的电子交互。国防工业综合体各组织和整个行业的自动化工作站的数量将增加，创新发展水平将提高。将加速关键信息技术的进口替代，以及使用经认证的工具保护商业和国家机密。

应在准备和批准"路线图"草案时编制任务和措施清单。

第一阶段（2014—2016年），执行与措施方案和关键解决方案相关的任务是恰当的，包括在2014年制定的2020年前在国防工业综合体中推广和使用信息技术的措施计划（路线图），确定概念草案并提交俄罗斯联邦政府审批。

第二阶段（2017—2018年），建议制定基本软硬件解决方案，并实际实施。

第三阶段（2019—2020年），建议确保信息技术的发展和推广，并提高其效率。

12. 目标指标和资源保障

在路线图中,应根据抽样调查结果,考虑已达到的水平和变化预测,确定目标指标的清单和定量值。俄罗斯联邦政府军事工业委员会评估指标控制值的实现动态并确认。

建议使用联邦计划和部门计划资金、国家国防采购资金、投资计划和项目、国防工业综合体整合机构和组织的自有资金,以及通过公私合伙提供工作资金。

13. 制定 2020 年前在国防工业综合体中推广和使用信息技术的措施计划(路线图)

按照俄罗斯联邦政府规定的程序,制定 2020 年前在国防工业综合体中推广和使用信息技术的路线图。由俄罗斯联邦相关执行机构和国有公司在其职权范围内保证路线图和概念措施的制定与实施。

应在路线图中列出 2014—2016 年的详细措施及对应依据,2017—2018 年的扩大措施并具体说明最重要的工作,2019—2020 年的主要措施。建议每年对未来两年的措施进行修订和论证。

根据立法,路线图应得到俄罗斯联邦政府法令的批准,并规定各措施负责人的季度报告。

14. 组织和监督路线图和概念的实施

路线图和概念实施的组织与监控机制规定:

——军事工业委员会审查概念工作草案的主要条款,并确定路线图草案编制工作顺序和时间;

——编写路线图工作草案并最终确定概念草案,同时考虑到军事工业委员会的指示和意见;

——在军事工业委员会的权力范围内,根据路线图和概念草案,制定部门间争端解决程序并改进;

——出版路线图和概念草案以便公开讨论;

——部门间工作组对提案和意见进行概括和审核,并进行修订;

——俄罗斯联邦相关执行机构和国有企业协调路线图和概念草案。

——在俄罗斯联邦政府军事工业委员会会议上审核路线图和概念

草案；

——编写向俄罗斯联邦政府提交的报告；

——路线图和概念实施的监督与协调。

为了准备材料，建议在俄罗斯联邦相关执行机构、国有企业、国防工业综合体整合机构和组织专家，以及其他相关组织和业务机构的代表的参与下举行工作会议。

工作会议的组织和技术支持由俄罗斯工业和贸易部及其授权的组织执行。

为了制定和论证路线图的措施和指标，建议在2014年上半年对国防工业综合体各组织的信息技术的发展与使用情况进行抽样调查。

在国家统计报告、国防工业综合体组织综合登记册所列组织的报告、国防工业综合体各组织的年度抽样调查，以及俄罗斯联邦执行机构和国有公司提供信息的基础上，监督概念的实施情况。为此，必须通过编制由国防工业综合体各组织填写的附录，完善联邦统计调查表格，其中包括3号信息和4号创新表格。主要联邦执行机构对路线图和概念实施的监督职能分配给俄罗斯工业和贸易部，同时考虑到工业和贸易部管辖范围内国防工业综合体组织的数量。

控制概念、路线图措施的实施及其调整都属于俄罗斯联邦政府军事工业委员会的职权范围。

术语和定义

自动化系统：它是由人员及其作业活动的全套自动化设施构成的一套完成设定功能的信息技术实施系统（国家标准ГОСТ 34.003）。

自动化工作站（АРМ）：用于实现特定作业活动自动化的自动化系统程控技术中心。自动化工作站的种类有工艺人员自动化工作站、设计人员自动化工作站和会计自动化工作站等（国家标准ГОСТ 34.003）。

数据库（БД）：它是根据特定规则（规定了数据描述、保存和操控的一般原则）而组建的数据集合，而不取决于实用程序（国家标准ГОСТ 20886—85）。

信息安全：指的是防护状态，在此状态下其保密性、访问权限设置和完整性能够得到保证（国家标准 ГОСТ Р 50922—2006）。

商业过程（БП）：它是若干操作的集合，它把资料或/和信息流程转换成带有其他属性的相应流程。属于商业过程部分概况的有业务组建商业过程和技术商业过程等（Р 50.1.031—2001）。

自动化系统之间的相互作用：自动化功能系统之间的数据、指令和信号交换（国家标准 ГОСТ 34.003）。

虚拟机：数据处理系统，通过与其他用户资源共享方式实现其功能（国际标准化组织/国际电工委员会（ISO/IEC 2382—1—1993））。

武器、军用和特种技术装备（ВВСТ）：它是武器和技术装备的集合，技术装备能够保证武器的使用，包括地面、空中、海上和太空部署的武器战斗载体和运输载体，附件、仪表、装置和武装力量配备的其他技术设备，以便保证武装力量的战斗任务和日常战备活动（《术语与定义中的战争与和平》词典）。

国有私有合作计划（ГЧП）：官方和私人合作伙伴之间的长期互利合作，旨在实现国有私有合作项目，通过分摊风险和吸收私有资源方式来实现，其目的是达成社会经济发展任务，推广大众法制教育，提高公共服务的普及水平和质量（俄罗斯联邦第 238827—6 号《俄罗斯联邦国有私有合作计划原则》联邦法草案）。

国家国防订货：为俄联邦政府法规所规定的联邦所需商品的供货、施工和服务提供任务，以确保俄联邦的国防与安全，以及根据俄联邦国际义务提供俄联邦与外国之间的军事技术合作领域的产品（俄罗斯联邦 2012 年 12 月 29 日第 275—ФЗ 号《国家国防订货法》）。

数据：处理后的信息，并且表现为体系化形式，以便进行后续处理（国家标准 ГОСТ 7.0—99）。

产品的相关数据：把产品的相关信息表现为适宜其传输、解释或者人工或电脑处理的一种正规形式（Р 50.1.031—2001）。

编录信息：通过编录方式记录在载体上的带有要项的信息，这些要项能够明确此类信息，或者根据俄联邦法律规定的情形能够明确其载体

（俄罗斯联邦 2006 年 7 月 27 日第 149—ФЗ 号《信息、信息技术和信息保护法》）。

信息访问权限：能够存取信息及使用（俄罗斯联邦 2006 年 7 月 27 日第 149—ФЗ 号《信息、信息技术和信息保护法》）。

产品生命周期（ЖЦ）：各个阶段的集合，产品在其整个生存周期内所经历的各个阶段：市场调研、编制技术任务书、设计、生产的工艺准备、生产、交付、使用、维修、回收利用（Р 50.1.031—2001）。

集成自动化系统（ИАС）：两个或两个以上相互关联的自动化系统的集合，在此自动化系统集合中，如果此集合可以视作一个统一的自动化系统，那么其中之一的功能作用就取决于另外一个（另几个）系统的功能作用结果（国家标准 ГОСТ 34.003）。

集成信息媒体（ИИС）：分布式数据库集合，这些数据库包含产品相关信息、生产环境、企业生命周期和过程，这种数据库集合能够保证参与实现产品生命周期的生产经营活动主体数据的准确性、现实性、完好性和访问权限（国家标准 ГОСТ Р 52611—2006）。

工业产品的集成逻辑支持（ИЛП）：各种工程活动的种类集合，此类工程活动通过管理技术、工程技术和信息技术实现，以便保证产品的准备程度很高，并且同时降低其运营和维护费用（国家标准 ГОСТ Р 53393—2009）。

信息：信息（通知、数据）不取决于其表现形式（俄罗斯联邦 2006 年 7 月 27 日第 149—ФЗ 号《信息、信息技术和信息保护法》）。

信息系统（ИС）：数据库中包含的信息以及保证信息处理的信息技术和技术设备集合（俄罗斯联邦 2006 年 7 月 27 日第 149—ФЗ 号《信息、信息技术和信息保护法》）。

信息技术（ИТ）：信息的查找、收集、保存、处理、提供、传播过程和方法以及此类过程与方法的实现方式（俄罗斯联邦 2006 年 7 月 27 日第 149—ФЗ 号《信息、信息技术和信息保护法》）。

信息基础结构：各信息中心、数据和知识库、通信系统的集合，它能保证用户读取信息资源（国家标准 ГОСТ 7.0—99）。

产品生命周期（ИПИ）的信息支持：在产品生命周期所有阶段的信息支持，创立于统一的信息空间基础之上，保证此生命周期所有参与者（产品订货方、产品供货方（生产厂家）、运维人员）之间的信息交互一致的方法，通过上述信息交互（主要通过数据的电子交换方式）的标准文件、规程规范来实现（国家标准 ГОСТ Р 52611—2006）。

信息保障：根据管理任务和科技任务的完成阶段被提供用于解决这些任务的信息资源和服务的集合（国家标准 ГОСТ 7.0—99）。

信息维护：保证用户的必要信息，由信息机构和部门通过提供信息服务方式实现该保证（国家标准 ГОСТ 7.0—99）。

远程信息通信网：通过通信线路传输信息的工艺系统，采用计算机技术手段实现进入此工艺系统的读取（俄罗斯联邦 2006 年 7 月 27 日第 149—ФЗ 号《信息、信息技术和信息保护法》）。

信息资源：为有效获取真实可信信息而构建的数据集合（国家标准 ГОСТ 7.0—99）。

信息通知：保证信息送达有关用户（国家标准 ГОСТ 7.0—99）。

测试：当对产品施加物理影响、化学影响、环境影响或对作业条件施加综合影响时，对产品的一个或者几个特征进行功能检查或调查（国家标准 ГОСТ Р 50779.11—2000）。

源代码：某种编程语言文本形式的电脑程序（国家标准 ГОСТ Р 54593—2011）。

电脑：一种功能组件，它可以完成相应的计算功能，包括数量运算和逻辑运算，无须人为干预（ISO/IEC 2382—1—1993）。

计算机绘图：借助于计算机，在显示屏上创建、操控、保存和展示对象和数据的画图表示方法与技术，以及这些方法与技术的运用成果（ISO/IEC 2382—1—1993）。

数据转换：在保存数据中包含的信息时，根据特定的规则改变数据的表现形式（国家标准 ГОСТ 7.0—99）。

设计：生产的设计准备阶段，在此过程中创建所有原始零件的 3D 模型及其 2D 投影（图纸），编制材料、配套产品和标准化产品的规格表和明细表，完成验算和模拟。根据国家标准 ГОСТ 2.103，此阶段的结果是完成工程设计文件（Р 50.1.031—2001）。

产品的相关设计数据：在产品设计和开发过程中产生的信息体集合，它包含与产品构成相关的信息以及产品、产品几何模型、产品组成部分，及其与技术性能相关的信息，产品结构中的占比、计算和模拟结果、零件制造公差等相关信息（Р 50.1.031—2001）。

配置：将产品结构与组成概念结合在一起的术语，并且假定：具体组成部分拥有特定的描述特征值（Р 50.1.031—2001）。

信息保密性：对于获得特定信息访问权限的人员的强制性要求：未经信息拥有人的同意不得将此类信息传递给第三方（俄罗斯联邦 2006 年 7 月 27 日第 149—ФЗ 号《信息、信息技术和信息保护法》）。

极其重要的信息基础结构系统（关键信息基础结构系统）：信息控制系统或远程通信系统，该系统对关键项目或过程实施控制或信息保障，或者被用于正式通知社会大众，本系统遭到破坏或功能中断可能导致发生紧急情况，造成严重不良后果（国家标准 ГОСТ Р 53114—2008）。

许可证协议：协议，根据该协议，一方是智力劳动成果或者个性化方法的特别权拥有人（许可证售证人）向另一方（许可证购证人）提供或负责提供本协议规定范围内的此种成果或方法的使用权（俄联邦 2006 年 12 月 18 日第 230—ФЗ 号《民法法典》第四部分）。

物流：在生产和商业中的一种关于物料流程和信息流管理的方法方式科学；尤其是在成品送达用户的过程中对运输、仓储、加工等工序的规划、检测和控制过程进行研究（Р 50.1.031—2001）。

市场营销：关于销售市场和用户对企业产品的要求、企业产品运营条件、材料供货商及其供货质量保障和约束等方面的系统性研究工作（Р 50.1.031—2001）。

材料：为制取某个产品或其部件而被使用或者用来处理（加工）的物品或物质（Р 50.1.031—2001）。

自动化系统的方法保证：一些文件的集合，这些文件描述了自动化系统发挥功能作用的技术、在自动化系统发挥功能作用过程中用户为获

取具体成效而选择和运用技术手段的方法（国家标准ГОСТ 34.003）。

产品模拟：既包括产品本身进行完整和全面的描述（产品的组成和结构、几何固体模型、用于计算的有限单元模型及其他模型），又包括产品生产的技术手段、发挥功能作用的特点、运行模式等的描述（P 50.1.031—2001）。

改型：设计方案或者产品的批准更改（P 50.1.031—2001）。

未宣布的可能性：未曾描述或者与文件中描述不相符的计算机技术和程序的可能功能，它们可能导致信息安全属性下降或者遭到破坏（国家标准ГОСТ Р 53114—2008）。

越权存取访问：在违反规定权限和/或访问规则情况下存取自动化信息系统的信息或者资源（国家标准ГОСТ Р 53114—2008）。

自动化系统的标准文献参考信息（НСИ）：引自标准文献和参考书籍的信息及自动化系统发挥功能作用时使用的信息（国家标准ГОСТ 34.003）。

信息载体：记录、存储和传递信息的设备（国家标准ГОСТ 7.0—99）。

单位信息安全保障：旨在排除（消除、防止）单位内在和外在信息安全威胁或者把可能发生的此类威胁的损失降到最低的活动（国家标准ГОСТ Р 53114—2008）。

通用系统程序保障：它是自动化系统软件的一部分，它是一些软件的集合，这些软件的研制与本自动化系统的创建无关，以及用于组建计算过程和解决经常遇到的信息处理任务（国家标准ГОСТ 34.003）。

信息化项目：根据给定的信息技术而使用的信息资源、信息处理设备和系统及其保障设施，其中安装有这些设施和系统的场所或建筑物（建、构筑物和技术设施）的集合，或者用于召开保密会议的场所和建筑物（国家标准ГОСТ Р 51275—2006）。

生产进程的作业管理和记录：软件和数据的集合，它保证按照产品及其组成部分的种类对工艺工序的完成情况进行统计；填写工艺设备和人员的工作记录单；收集、处理生产进程相关数据以及将其传递给不同级别的规划系统；与生产项目自动识别设备、内部运输设备和流程等之间的相互作用（Р 50.1.031—2001）。

信息系统操作员：实施信息系统运营业务的公民或者法人，其中包括信息系统数据库中所包含的信息处理业务（俄罗斯联邦 2006 年 7 月 27 日第 149—Ф3 号《信息、信息技术和信息保护法》）。

操作系统（ОС）：一种软件，它控制各程序的执行并且可以用来分配资源、规划、控制输入和输出以及实现数据管理（ISO/IEC 2382—1—1993）。

开放式体系：一套详尽的和商定的俄联邦国家标准和信息技术与专业的国际标准、从属标准，它们决定了传播性和规模，以及附件、数据和人员之间相互关系保证方面的接口、服务和格式（国家标准 ГОСТ Р 54593—2011）。

公开的标准和规格表：可存取访问、不需要许可和支付使用费的标准和规格表（国家标准 ГОСТ Р 54593—2011）。

明码：由设计方根据许可证协议特定的条件提交给用户的软件源代码（国家标准 ГОСТ Р 54593—2011）。

外部设备：一种装置，它由计算机控制并与之协同工作（ISO/IEC 2382—1—1993）。

个人数据：属于直接或者间接特定或者待定自然人的任意信息（俄罗斯联邦 2006 年 7 月 27 日第 152—Ф3 号《个人数据联邦法》）。

个人电脑（ПК）：首要目的为个人使用的微型计算机（ISO/IEC 2382—1—1993）。

生产计划：软件和数据的集合，它保证实现生产的全面规划和建立生产进度表；针对主要生产部门进行产品分类规划；计算主要生产部门的产能和确定措施，以确保产能与出厂规模相符；结合考虑生产进度表计算和规划材料与配套件需求；计算各生产部门和工艺设备的昼夜轮班计划任务（生产作业计划）等（Р 50.1.031—2001）。

产品使用效率指标：产品在具体运营情况下使用时达到有效成果程度（结合考虑运行耗费）的量化性能指标（国家标准 ГОСТ 15467—79）。

信息系统用户：为获取信息或者解决其他任务而享用信息系统服务

的人（群体、单位）(国家标准 ГОСТ 7.0—99)。

自动化系统的法律保障：规定了自动化系统职能运行过程中的法律关系及其功效成果法律地位的所有法规的集合（国家标准 ГОСТ 34.003）。

信息提供：指在特定人群中获取信息或者传递信息给特定人群的行为（俄罗斯联邦 2006 年 7 月 27 日第 149—ФЗ 号《信息、信息技术和信息保护法》）。

数据表现（形式）：一种特性，它体现各要素的编码规则和数据在计算机系统中的具体研究水平上的数据结构创建规则（国家标准 ГОСТ 20886—85)。

自动化系统的程控技术中心（ПТК）：一种产品，它是计算机技术设备、软件和机器信息库的创建与填写设备（在自动化系统投入运行时，以便完成系统一个或多个任务）的集合（国家标准 ГОСТ 34.003）。

软件（ПО）：信息处理系统的程序及其运行所必需的程序文件的集合（国家标准 ГОСТ Р 54593—2011）。

军用产品：武器、军事装备、工程、服务、智力劳动成果，其中包括其独有权（知识产权）和军事技术领域的信息，但根据俄罗斯联邦法律可以在大众信息传媒上发表的信息、科学作品、文学和艺术、宣传资料除外（1998 年 7 月 19 日第 114—ФЗ 号《俄罗斯联邦与外国军事技术合作联邦法》）。

产品的生产数据：在生产过程中产生的信息体集合，它与描述产品及其组成部分的信息体相结合，包含处于生产周期中的产品和其组成部分具体份数状况相关信息（Р 50.1.031—2001）。

生产：商业过程的集合，其目标是材料转换（材料、坯料、半成品、配套产品）成满足用户要求的优质成品（最终产品）(Р 50.1.031—2001）。

专属（封闭式）软件（ППО）：在普通（非独有）或独有许可证条件下推行的软件，该许可证限定了程序的使用和/或禁止用户修改电子计算机的程序（禁止处理）和/或修改（修订后的）程序（国家标准 ГОСТ Р 54593—2011）。

可跟踪性：借助于记录识别功能，能够恢复产品的使用往事或者产品的所在地（Р 50.1.031—2001）。

出版物：大众使用的文件（国家标准 ГОСТ 7.0—99）。

自动化系统的发展：自动化系统的性能定向改善或者功能拓展（国家标准 ГОСТ 34.003）。

研制：生产的设计准备阶段，在此过程中研制产品的详尽 3D 模型，以及部件、附件和主要（基准）零件的模型，在其基础上建立 2D 投影（图纸），完成修正后的设计计算和模拟。根据国家标准 ГОСТ 2.120，此阶段被称作技术设计阶段，而此阶段的结果被称为技术方案（Р 50.1.031—2001）。

分布式数据库：数据库集合，它根据相互关联的资源实现物理分布，并且能够在不同的附件中协同使用（国家标准 ГОСТ 20886—85）。

信息传播：指在特定人群中获取信息或者传递信息给特定人群的行为（俄罗斯联邦 2006 年 7 月 27 日第 149—Ф3 号《信息、信息技术和信息保护法》）。

修复：恢复产品完好状态或工作性能以及恢复产品或其组成部分寿命的综合措施（国家标准 ГОСТ 18322—78）。

故障：自我修复排除的故障或者操作员稍加干预即可排除的一次性故障（国家标准 ГОСТ 27.002—89）。

数据库管理系统（СУБД）：用于控制数据库内的数据、管理数据库和保证其实用程序相互作用的程序和语言集合（国家标准 ГОСТ 20886—85）。

产品质量控制系统：在产品质量控制过程中，采用物质技术手段和信息手段发生相互作用的控制机关和控制对象的集合（国家标准 ГОСТ 15467—79）。

自动化系统的兼容性：两个或两个以上自动化系统的综合性能，它体现这些系统在发挥功能时能否相互协作。自动化系统的兼容性包括技术兼容性、程序兼容性、信息兼容性、组织兼容性、语言兼容性，并在必要时还包括计量兼容性（国家标准 ГОСТ 34.003）。

自动化系统后续跟踪：为保证自动化系统功能的稳定发挥或发展而提供的一种必要服务活动（国家标准 ГОСТ 34.003）。

产品生命周期专用信息支持设备：满足信息安全规定要求和用于处理包含国家秘密的信息的产品生命周期信息支持设备（ГОСТ Р 52611—2006）。

产品生命周期信息支持设备：在集成信息设备中实施信息收集、处理、积累、保存和搜寻的硬件、软硬件和软件设备（ГОСТ Р 52611—2006）。

技术维护：在产品使用、停放、库存和运输期间维持其工作性能或完好状态的组合工序或者某个工序（国家标准 ГОСТ 18322—78）。

生产的工艺准备：一些过程和程序的集合，其目的是创建全套工艺文件，工艺流程，机加、装配（安装）、检验工序卡，工序的完成时间标准，数控机床设备的控制程序，夹具和专用工具等的设计方案等（Р 50.1.031—2001）。

产品的相关技术数据：一些信息体的集合，它产生于生产的工艺准备阶段，并与描述产品及其组成部分的信息体结合在一起。它包含产品及其组成部分在生产过程中的制造和检验方法的相关信息，描述工艺流程和工序、时间标准和材料消耗标准、数控机床的控制程序，以及包含夹具和专用切割工具和量具等的设计数据（Р 50.1.031—2001）。

数据管理：保证实现数据，数据的累积和保存、更新、删除、根据设定标准的数据搜寻和发送的要求表现形式的功能集合（国家标准 ГОСТ 20886—85）。

采购管理：软件和数据的集合，它保证实现供货商的登记表管理，核算他们的竞争能力、供货质量和供货期限，清点有无合格证等；评估采购是否符合企业预算和付款义务；评估采购是否符合生产的物质保障计划（Р 50.1.031—2001）。

储备和仓储管理：软件和数据的集合，它保证清点和检查仓库中和企业生产部门有无物料资源；接收供货商的资源和将其下发生产；将成品发运给订货方；清点未完结生产的余料；库房内的器材定期盘点（Р 50.1.031—2001）。

干部（人员）管理：软件和数据的集合，它保证实现需用人力资源的专业和人数计划；制定企业机构、人员编制表和职务细则；建立劳动工资支付体系；召集新的员工和提高工作人员的技能水平；管理员工的私人事务（Р 50.1.031—2001）。

产品质量控制：在产品建造、使用或消耗过程中实施的行为，其目的是确立、保证和维持其必要的质量水平（国家标准 ГОСТ 15467—79）。

工艺设备维护服务管理：软件和数据集合，它保证实现工艺设备相关数据库的管理；计划和清点定检维护和计划预防性检修；统计故障和缺陷；维持库房的备件和消耗材料；分析设备的运行记录单等（Р 50.1.031—2001）。

企业管理：企业的特种商业过程，在此过程中确定企业目标，收集和分析生产过程相关信息，做出决定和采取措施以达成目标（Р 50.1.031—2001）。

销售、订货和经销管理：软件和数据集合，它保证实现客户（订货方）名册管理；建立产品和备件目录；确立价格并建立价目表；建立订货一览表和销售计划表；准备和管理产品的供货合同；准备和分发产品的供货商务报价；计算订货成本和合同价格；规划产品交付给订货方的供货期限；根据生产计划评估订货情况；规划经销体系的需求和备品等（Р 50.1.031—2001）。

财力资源管理：软件和数据集合，它保证实现财会功能；总结产品的成本计算结果、流动周转资金水平和未完结生产；核算财务资金；支持内部经济核算制；建立和分析财务计划的完成情况；评估企业的财务状况稳定性、资金周转率、利润率和投资效益等；信贷管理；企业的主要基金管理（Р 50.1.031—2001）。

文档：作为一个统一单元进行处理的命名记录集合（ISO/IEC 2382—1—1993）。

格式：数据在信息载体上的分布和表现方式（国家标准 ГОСТ 7.0—99）。

数据处理中心（ЦОД）：一种资源中心，它由人员、硬件和软件构成，它这样组建：保证以数据处理形式的服务（ISO/IEC 2382—1—1993）。

产品相关的运行数据：信息体的集合，它在设计和研制过程中产生，包含为组织维护、维修和保证产品工作性能的其他行为所必需的信息（Р 50.1.031—2001）。

电子计算机（ЭВМ）：电子计算机，其主要功能装置采用电子组件制成（国家标准 ГОСТ 15971—90）。

电子通知信息：远程信息通信网用户传递或获取的信息（俄罗斯联邦 2006 年 7 月 27 日第 149—ФЗ 号《信息、信息技术和信息保护法》）。

电子文件：编录信息，表现为电子版形式，即方便人们接收的电子计算机使用方式，以及方便在远程通信网络中传输和在信息系统中处理（俄罗斯联邦 2006 年 7 月 27 日第 149—ФЗ 号《信息、信息技术和信息保护法》）。

自动化系统的效率：自动化系统的性能，其表征是其创建时给定目标的达成程度（国家标准 ГОСТ 34.003）。

第4章 用于国防工业综合体的信息技术开发范例

4.1 解决信息系统接口任务的关系元数据的结构

4.1.1 引言

信息系统接口的创建就是要实施一些程序模块,以保证人与保存信息之间的相互作用:加载数据、数据章节之间的导航、采用清单构建信息体的表现形式、填写表格、回放和编辑形式,同时保持关联对象之间的转换。

为了工作需要,实施接口的模块应当包含某种形式的数据(系统中所使用的数据)说明、屏幕状的模板说明、导航说明和存取访问权限说明。这种说明既可以采用程序编码形式,也可以隔离保存在单独的数据结构中。

与编码隔离的数据说明保存对于各种不同的信息系统可以采用同一个程序方案。在此情况下,对于新的知识域,实施信息系统不需要创建新的程序编码并调试,仅创建数据说明、屏幕状的模板说明、导航说明和存取访问权限说明便已足够,在此基础上,用于所有系统的公用程序模块形成必要的屏幕、图表和页面。

如果认为数据库是信息系统的核心,那么在实施用户接口时应当考虑数据保存和处理所在介质上的介质特点。现在关系数据库管理系统最为普遍和发达，其中积累了世界上丰富的有效、可靠和安全管理数据的经验。根据关系数据库管理系统中采用的规则，关系数据的说明同样应当具有关联结构。

接着研究了关联结构，这种结构可以实现数据说明、屏幕状的模板说明和导航说明的保存。

4.1.2 数据说明

数据说明，也被称作元数据，它是建立用户接口所必需的页面之一。部分元数据可以在词典—数据指南（在大多数关系数据库管理系统中实施）的基础上形成。这样，从参考词典中可以获取数据库中的现有关系（表格和表达式）目录、每个关系的属性清单和由外部关键码决定的关系之间的所有相互联系。但是，上述信息对于建立页面是不够的。对于各种关系和属性必须指明其所反映的名称，确定存取（读取、变更）参数，以及确定数据元的反映和编辑格式与方式。

形式上的表格目录，可以通过关系数据库管理系统设备获取，由元关系决定，其配置包括下列两个属性：

$$T(N^T, TV^T)$$

属性 N 还分别表示数据库的内部名称和关系类型（表格或者表达式）。

为了具体建立带有数据的页面，从关系数据库管理系统中获取的有关信息应当补足可以由元关系表示的数据资料

$$T'(N^T, CP^T, BT^T, KF^T)$$

式中，N^T——关系名称；

CP^T——自然语言表示的关系标题；

BT^T——基准表格名称，如果关系是通过查询几个表格方式建立的表达式，这种名称要能够保证编辑数据；

KF^T——提取补充数据所必需的关键场域的名称，这些补充数据对应于具体的行数，以及补充数据更新所必需的关键场域的名称。

应当指出的是，T 和 T' 的关系不一定是等式关系。如果对于数据库关系未指明补充数据资料，那么，作为自然语言表示的标题，信息系统可以使用关系的内部名称。

通过 T 和 TE 的关系与 N^T 属性的下列左边外部等价结合方式建立集合元数据表格：

$$E(N^T, TV^T, CP^T, BT^T, KF^T) = T \bowtie T'$$

数据库关系的属性同样可以采用元关系描述，其配置包括下列属性：

$$C(N^T, N^C, DT^C, NU^C)$$

式中，N^T——关系（表格或者表达式）名称；

N^C——关系属性（表格的列或者表达式）名称；

DT^C——保存所使用的数据类型；

NU^C——能够将不定值记入属性的标志。

上述关系属性相关信息可在关系数据库管理系统的词典—数据指南中存取访问。属性的补充信息表现为元关系

$$C'(N^T, N^C, CP^C, AT^C)$$

式中，CP^T——自然语言表示的关系标题；

AT^C——反映所使用的数据类型。

通过 C 和 C' 的关系与 N^T 属性的下列左边外部等价结合方式建立属性的集合元数据：

$$P(N^T, N^C, DT^C, NU^C, CP^C, AT^C) = C \bowtie C'$$

信息系统的知识域所有对象，其相关数据表现为关系，这些对象之间直接关联或者通过其他的对象间接关联。在关系数据库中各关系之间的耦合由外部关键元确定。所有耦合的目录可以从关系数据库管理系统的词典—参考指南中以元关系形式获取

$$K(NB^T, NB^C, NR^T, NR^C)$$

其中，NB^T 和 NR^T 分别表示基准关系和依赖关系的名称，NB^C 和 NR^C 分别表示基准关系和依赖关系的关联属性。

用户可额外指明关联的名称。应当明确下列两个名称：CB^T（关联名称，如果它显示在与 NB^T 名称关联的关系上下文中）和 CR^T（关联名

称，如果它显示在与 NR^T 名称关联的关系上下文中）。名称都保存在补充的元关系中

$$K'(NB^T, NB^C, NR^T, NR^C, CB^T, CR^T)$$

它在与 R 关系结合时形成下列关联相关的完整信息：

$$R(NB^T, NB^C, NR^T, NR^C, CB^T, CR^T) = K \bowtie K'$$

为了反映与知识域同一个对象相关的信息，在信息系统中可以形成不同的用户页面。例如，各页面的区别与关系或者属性标题特定页面上的变更必要性相关，与某些属性掩藏或其反映的其他格式指明必要性相关，以及与属性跟踪顺序变更必要性相关。

其中掩藏了一系列属性的变形关系，它通过反映属性上的关系投影确定。此时，拓宽关系模型的投影概念，投影相关的元数据由变更后的标题、反映格式和与属性跟踪顺序相关的数据资料补充。

各投影的集合由元关系确定

$$\Pi E(N^\Pi, N^T, CP^\Pi, KF^T)$$

式中，N^Π——投影名称；

N^T——关系名称，在其基础上建立投影；

CR^Π——以自然语言表示的投影标题；

KF^T——关键元属性名称，它与带有 N^T 名称的关系的关键元属性一致。

按照默认设置（为了方便使用），针对每个关系在系统中均应建立带有名称的投影，该名称与关系的名称一致。按照默认设置的投影集合由元关系确定，元关系通过选定属性 N^T、KF^T 和 CP^T 的方式，以及通过属性 N^T 复制备份并改名为 N^Π 的方式从元关系 E 中获取：

$$\Pi E_0(N^\Pi, N^T, CP^T, KF^T) = \pi_{N^\Pi \leftarrow N^T, N^T, CP^T, KF^T}(E)$$

为信息系统创建接口的信息系统设计人员、编程人员或者管理人员，可以改变投影 CP^Π 的标题，以及可以创建用于 N^Π 关系的带有其他标题、属性或者耦合的额外投影。

变更后的投影相关信息，以及额外投影的相关信息保存在元关系中

$$\Pi E'(N^\Pi, N^T, CP^T)$$

其中，每个元组都与带有 N^T 名称的关系投影之一相对应。

为了从 ΠE_0 和 ΠE 中获取元关系 ΠE，应当使用著作[1]中默认的优先合并运算。S_1 和 S_2 关系的优先合并运算采用下列方式确定：

$$S_1 \triangleleft S_2 = \Theta(S_1 \bowtie S_2, S_2) \cup (S_1 \bowtie (S_2 \triangleright S_1))$$

式中，运算子 $\triangleright$ ——差值之半[1]（第一个关系的元组，对于这些元组，在第二个关系中没有带同名属性的同样数值的元组）；

Θ ——对第一个关系的不定属性填充第二个关系同名属性的相应数值的运算子。

随着优先合并运算的使用，元关系 ΠE 这样求得

$$\Pi E = \Pi E' \triangleleft \Pi E_0$$

ΠE 集合中的每个投影都有一套属性。根据默认设置，用于每个投影的一套属性由关系的一套属性决定，投影基于此关系而建立，这套属性也可以通过 ΠE 和 P 关系结合的方式获得

$$\Pi P_0(N^\Pi, N^C, NU^C, CP^C, AT^C) = \pi_{N^\Pi, N^C, NU^C, CP^C, AT^C}(\Pi E \bowtie P)$$

变更后的默认投影属性的相关信息，以及额外投影属性的相关信息保存在元关系中

$$\Pi P'(N^\Pi, N^C, CP^C, V^C, O^C)$$

式中，V^C ——属性的可见性标志；

O^C ——当反映在页面上时属性的序号。

结合考虑变更后的信息，各个投影属性的合成集由 $\Pi P'$ 和 ΠP_0 元关系的优先合并来确定：

$$\Pi P(N^\Pi, N^C, NU^C, CP^C, AT^C) = \Pi P' \triangleleft \Pi P_0$$

用于默认投影的耦合相关信息通过两个阶段的结合方式获得。首先，必须把 R 和 ΠE 与元关系结合，事先把属性 N^Π 改名为 NB^Π：

$$\Pi R'' = \pi_{NB^\Pi \to N^\Pi, NB^C, NR^T NR^C, CB^T, CR^T}(\Pi E \bowtie_{\Pi E, N^T = R, NB^T} R)$$

然后，把带有其他结合条件的 ΠE 与合成元关系相结合，事先把属性 N^Π 改名为 NR^Π：

$$\varPi R_0 = \pi_{NR^\varPi \leftarrow N^\varPi, NB^C, NB^\varPi NR^C, CB^T, CR^T}(\varPi E \bowtie_{\varPi E, N^T = \varPi R'', NR^T} \varPi R'')$$

投影耦合的相关补充信息表现为元关系

$$\varPi R'(NB^\varPi, NB^C, NR^\varPi, NR^C, CB^T, CR^T)$$

结合考虑变更后的信息，各个投影耦合的合成集由 $\varPi P'$ 和 $\varPi P_0$ 元关系的优先合并来确定：

$$\varPi R(NB^\varPi, NB^C, NR^\varPi, NR^C, CB^T, CR^T) = \varPi R' \triangleleft \varPi R_0$$

描述信息系统知识域的元数据，部分通过从关系数据库目录（词典—参考指南）选取方式而生成，这一事实表明：元数据集合取决于数据库知识域的结构。每次当数据库中要添加新的关系、属性或者耦合时，在元关系 $\varPi E$、$\varPi P$ 和 $\varPi R$ 中会自动出现新的元组。除此之外，个别关系、属性或耦合的删除不会导致系统运行错误，因为自动更新的元关系 $\varPi E$、$\varPi P$ 和 $\varPi R$ 已经不包含与数据库删除对象相对应的元组，而这就意味着已经不再访问这些数据库对象了。

4.1.3 屏幕状模板说明

页面的内部模板描述的是以何种形式反映页面。如果用户必须显示数据库整个关系中的信息，则这可以是设定图表、曲线的清册，或者是某种形式的结构化信息。如果用户需要表格某行的相关信息，则它可以是信息的一种输入和编辑标准形式。

现代程序平台附件的接口具有层级结构，此时，层级的每个单元都是接口描述语言表示的代码（当前程序平台所采用的代码）片段。接口的各个单元都有限定组合的类型，因此，体现接口外观的程序代码具有相当多的类似片段。

带有数据的页面目视接口界面（窗口）的层级结构可以表现为具有下列配置的元关系形式：

$$IB(K^{IB}, PK^{IB}, C^{IB})$$

在上述 K^{IB} 元关系中属性是接口单元的识别符，PK^{IB}——亲代单元的识别符，其中插入了当前单元；C^{IB}——描述接口单元和对该单元中包含的数据初始化的程序编码。

在现代信息系统的软件中推行这样一种技术：暂且假定数据、页面模板和模板与数据相互耦合的说明都归属于单独的抽象概念。根据该技术，页面或者窗口的接口可以描述为关系运算子的计算结果，其论据是页面 IO 模板和数据矩阵 D。

$$IB = f^{IB}(IO, D)$$

在技术术语 MVC[3]和 MVVM[4]中，页面模板是一种显示（view），数据矩阵是一个模型（model），而运算子 f^{IB} 由给定控制器（controller）或者显示模型（view model）基础上的程序平台库实现。

与注释语言搭配的数据耦合技术的使用从根本上减轻了用于实现模型和控制器（显示模型）的程序编码的开发压力。但是，页面模板的开发跟以前一样还是墨守成规的任务，因为对于信息系统的每个本质（其数量可能达到数百个）都要求开发自己的页面模板。

尽管工作量很大，在描述页面或者窗口模板时还是应当完成，所有模板都是按照共同的原则统一创建。在信息系统页面的所有多样化模板中可以划分出几种模板，在这些模板范围内的个别模板相互之间仅仅是全套反映属性和标题不同而已，自然，它们由关系元数据单值确定，该关系保存知识域对象相关信息。

为了获得元数据基础上的页面模板，应当研究下列三个子集合并形式的模板单元的集合：

$$IO = IE \cup IP \cup IR \cup II$$

子集 IE 是描述知识域对象的几个接口单元，并且关系（页面标题）与此对象相对应，IP 子集描述关系属性（输入域、带标题的转换单元），子集 IR 描述与其他关系之间的耦合（下拉清单和插入清单），而子集 II——描述各单元，这些单元决定其他单元之间的层级耦合（面板、底层、插页）。

上述子集中的每个子集的生成算法可以表现为关联关系形式，为此应当创建用户接口和模板类型 v，则形成页面模板的各单元的集合按照下列方式确定：

$$IO = f^{IE}(\Pi E(e), v) \cup f^{IP}(\Pi P(e), v) \cup f^{IR}(\Pi R(e), v) \cup$$
$$f^{II}(\Pi E(e), \Pi P(e), \Pi R(e), v)$$

在复杂情况下，f^{IE}、f^{IF}、f^{IR}、f^{II}运算子由采用高级编程语言描述的算法来实现，在最简单情况下，它们可以由关系代数的运算子来设定。

4.1.4 导航描述

实现信息系统接口的传统附件包含导航菜单，此菜单可实现不同形式数据库的项目转换成映像。

菜单的每个选项在最简单情况下应当由正文标题、关系名称来体现，此关系应当反映在该菜单选项中，以及由模板名称来体现，在打开页面时应当使用此模板。

菜单的结构可以表现为元关系形式

$$MI(K^{MI}, PK^{MI}, N^{II}, N^{V}, O^{MI})$$

式中，K^{MI}——菜单选项的识别符；

PK^{MI}——菜单亲代选项的识别符；

N^{II}——投影名称，在选择菜单的选项时应当反映此投影；

N^{V}——屏幕状的模板名称；

O^{MI}——菜单选项在清单中的序号。

菜单的生成模块加载来自元关系 MI 的信息，并将菜单的层级结构输出到屏幕上，事先将程序编码附加在每个选项上，此程序编码在选择菜单的选项时根据模板 N^V 开始对投影 N^{II} 实施反映。

4.1.5 访问权限描述

如果具有超级用户权限的用户才能访问关系数据库管理系统，而在附件水平上进行访问权限的划分，那么，各元关系的关系数据库管理系统的问询还将返回所有关系和数据库属性的相关信息，甚至当前用户（在附件上下文中确定的用户）都没有其访问权限。因此，为了减少向附件传递的元数据，应当在数据库对象访问矩阵基础上缩减抽样数量。

如果各关系的访问矩阵采用下列元关系形式确定：

$$MT(U, N^T, FR^T, FW^T)$$

U——系统的用户，N^T——关系的内部名称，FR^T——флаг доступа

на чтение，FW^T——记录访问权限信号旗，那么，用户可访问的各关系相关元数据应当形成元关系 MT 和 E 与用户名称选项相结合的形式：

$$E_u(N^T, TV^T, CP^T, BT^T, FR^T, FW^T) = E \bowtie \sigma_{(U=u) \wedge (FR^T=1)}(MT)$$

包含各关系属性相关信息的用户元数据也通过类似方式来确定。附件建立下列关系属性的访问权限矩阵：

$$MC(U, N^T, N^C, FR^C, FW^C)$$

式中，U——系统的用户；

N^T——关系的内部名称；

N^C——纵列的名称；

FR^C——读取访问权限信号旗；

FW^C——记录访问权限信号旗。

用户可访问的各关系相关元数据应当形成元关系 MC 和 P 与用户名称选项相结合的形式：

$$P_u(N^T, N^C, DT^C, CP^C, AT^C, FR^C, FW^C) = P \bowtie \sigma_{(U=u) \wedge (FR^T=1)}(MC)$$

耦合的访问权限由耦合关系的访问权限来决定。因此，用户可访问的耦合相关的元数据可以这样确定：

$$R_u(NB^T, NB^C, NR^T, NR^C, CB^T, CR^T) =$$
$$R \bowtie_{NB^T=N^T} \sigma_{(U=u) \wedge (FR^T=1)}(MT) \bowtie_{NR^T=N^T} \sigma_{(U=u) \wedge (FR^T=1)}(MT)$$

反映带有回放或者编辑数据的页面的附件应当加载用于元关系 E_u、P_u、R_u 之中的待反映关系的元数据。为了满足信息安全要求，重要的是使用户不可访问的关系和属性相关信息不能经过公共网络传递，因此，元关系 E_u、P_u、R_u 应当不是在客户层级上建立，而是在数据库管理系统或者附件服务器层级上建立的。

罗列的原则应当还归纳在投影上。如果在确定投影、其属性和耦合的表达式中代入元关系 E_u、P_u、R_u 来替代 E、P、R，则将会得出元关系 ΠE_u、ΠP_u、ΠR_u 的表达式，它们决定接入用户系统的元数据。

除此之外，访问权限还决定导航菜单的结构和种类。当创建用于具体用户的菜单时，导航模块应当遵循下列规则：

1）在菜单中不应有致使用户反映其不可访问投影的选项。

2）某些菜单选项可能对用户隐藏，尽管与该菜单选项相对应的投影是可以访问的。此项规则需要在系统中创建一个元关系，它保存用户的菜单选项许可权限相关信息：

$$MM(U, K^{MI})$$

结合考虑上述规则，用户可以访问的菜单选项的集合采用下列方式形成：

$$MI_u(K^{MI}, PK^{MI}, N^{\Pi}, N^V, O^{MI}) = E_u \bowtie \sigma_{(U=u)}(MM)$$

合并元关系应当传输到菜单生成模块的输入端。

4.1.6 结论

研究的元数据结构通过在 SQL 系统中创建表格和表达式的方式轻松实现，数据库管理系统的 PostgreSQL 研究人员也研究过这些方式，并且对于数据库管理系统它们还适用于 Oracle 和 MySQL。使用上述数据库管理系统所支持的 infomiation_schema 标准目录作为词典—参考指南。

元数据的关系表达式允许使用与数据编辑所用工具相同的工具对其进行编辑。这就避免必须研制元数据的设计程序，同时也提高了拟建系统的可靠性。

该方法还有一个无可争辩的优点就是数据和元数据始终匹配协调：数据库任意对象结构的改变马上就在自动改变的元数据中有所反映。

在根据元数据的目视接口程序编码的自动生成算法集合中，上述优点从根本上减轻了信息系统的研制压力，并且降低了程序出错的概率。

在编制该资料的过程中，使用了下列文献：[56–59]。

4.2 网页信息附件的用户接口开发平台

网页信息附件的基本设计方法概况如下所述。推荐一种新方法，它基于使用服务器上加载的元数据形式的接口描述而创建。展示了推荐技术的一些优点[60]。

现代信息系统根据客户服务设计风格[61,62]以网页附件形式创建。目前，无论是服务器部分，还是客户部分，技术始终都在发展。除此之外，对履行的职能和客户与服务器部分之间的工作量进行了重新分配。导致此的原因是：客户端启用的计算机效率提高、开发附件所使用的软件发展，以及客户数量增加，当然还有服务器部分的工作量增加。

网页附件的服务器部分开发成没有当前状态的服务形式，因此得名为"RESTful service"[63,64]。这既可以是数据运行接口，也可以是网页服务器，此服务器实现用户接口的生成和建立已经填有数据的网页。随着客户计算机效率的提高，以及随着 JavaScript 库的发展，在它们的基础上，大部分运行的是受浏览器控制的客户程序，出现服务器工作量降低的可能性以及通过建立"厚厚的"客户附件方式能够简化其结构，其中附件实现用户接口页面的全面建立[65]。

客户附件复杂程度的提高面临要解决时间缩短的任务和通过建立一些库的方式来简化其开发难度的任务，这些库可解决用户接口的创建任务和与服务器部分相互协作的任务。

目前正在进行研究，以便解决用户接口的自动生成方法系统化问题，同时结合考虑与设计具体要求、元件的不同配置方案和直观显示元件不同库的使用具体要求、已经运行的附件中嵌入生成的用户接口的具体要求相适应[66]。

在著作[67]中研究了在数据模块基础上自动和半自动创建用户接口的问题，并且能够创建个体用户接口。建议使用自动生成的接口说明，以便根据具体的设计进行后续补充加工。提出了用户接口自动生成（这保证缩短开发周期、减少成本和提高质量）与附件的个体设计相结合的解决方案。

著作[68]的作者建议采取对附件的商业逻辑（在数据模块基础上）添加额外的属性编码（元数据）方式来解决用户接口的创建任务。

附件的开发方法[66,67,68]是一个连接符"元数据—生成用户接口—获取数据—反映数据"。根据具体实施情况（客户部分或者服务器部分），实现用户接口生成的附件部分包含描述用户接口的元数据（往往处于自己的内部格式中）。采用下列方式建立用户接口页面：
- 根据设定地址转入页面；
- 问询服务数据；
- 构建数据的内部模型；
- 借助于程序配置中具有的用户接口元数据的单独单元实现数据的直观化显示；
- 把准备好的页面引入画线标记。

描述用户接口的所有元数据、单独项目的显示模板和数据运行逻辑大部分都处于附件的编码中。这就导致每个这样的附件都是针对具体客户生产的"计件"附件，但是型号一致，开发过程也是因循守旧。此时使用编码的平台联机生成元素，这就使得创建交叉平台附件变得困难。与数据模型紧密一体化的元数据获取问题悬而未决。在许多解决方案中，程序的集成开发未能得到支持，以及往往不能自动生成用户接口。

推荐的技术在于把用户接口的说明移入保存在服务器端的元数据中，并在客户附件的某个页面打开时与数据（一个或者几个问询）一起传递。这样，服务既是用于附件的数据供货商，也是用于构建用户接口的元数据的供货商。此时，附件服务器部分的工作量下降，因为其工作内容缩减成从数据库或者文本系统中挑选信息。

按照建议的方法，客户附件在负责建立数据运行的用户接口部分中保持不变，并且可以包含附件典型导航执行过程之一（顶部菜单和下拉导航菜单及其他导航元件）。这样，在客户附件中设置了不变的用户接口页面建立规则，但不是页面或其描述本身。这就可以避免在创建附件用户接口上的耗费。直观化显示库对于每个平台应当只写入一次。此时，为客户网页附件写入的信息库，事实上是一个交叉平台信息库，因为在完成正确的执行过程时，它在具有网页浏览器的任意平台上都会同样运行。

附件的商业逻辑配置问题是任意附件的根本性问题。推荐的方法对于此问题的解决具有相当高的灵活性。商业逻辑可以配置在下列任意层级上：以触发器编码形式配置在数据库中，以服务的个别方法形式配置在数据运行服务的执行过程中，以及以模型形式配置在客户编码中，这些模型保证数据的处理（指明对于哪些数据应当使用哪个模型，以及可能包含在元数据中）。

执行推荐方法的系统结构如图 4.1 所示。

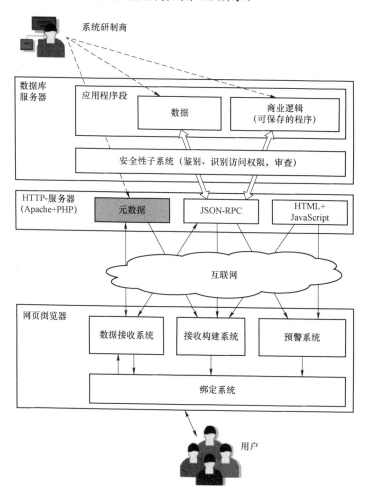

图 4.1 系统结构

附件用户接口推荐技术开发的实质在于不用算法结构加载的元语

言来描述数据的结构。除此之外，此过程还可以采用直观开发方式（不同的设计师）自动实现。

数据结构说明示例参见图 4.2。

```
《视图_materialy》:
{ 显示：正确，标题《材料》,
属性：{
《naimenovaniye》: { 标题：《名称》,链接：{ entity:《materialy》,键：
《kodmateriala》} },
《tsena》: {标题：《价格》,类型：《数值型》},
《nasklade_str》: { 标题：《库存》,类型：《字符型》},
《kolichestvo_str》: { 标题：《计划》,类型：《字符型》}
},
实例：《materialy》,
主键：《kodmateriala》
},
《materialy》: {
显示：正确，标题：《材料》,
属性：{
《naimenovaniye》: { 标题：《名称》,类型：《字符型》},
《tsena》: {标题：《价格》,类型：《数值型》},
《nasklade》: { 标题：《库存》,类型：《数值型》},
《edinitsa》: { 标题：《单位》,类型：《字符型》}
},
关系： { 《view_materialynaryad》: { 标题：《作业单》,键：《kodmateriala》} },
实例：《materialy》,
主键：《kodmateriala》
},
```

图 4.2　描述用户界面页面内容的数据结构的片段

这种方法能够在一种应用程序框架内轻松完成在不同服务器上分布数据服务的工作。此类服务应提供：

- 数据；
- 客户端应用程序中的数据监测规则；
- 描述提供数据的用户界面；
- 描述对该数据执行的操作；
- 描述参考对象；
- 为参考对象提供数据和元数据的服务地址。

客户端应用程序可以作为整体和部分请求上述信息，这显著减少了传输信息的时间,并因此减少了创建用户界面页面所需的时间(页面仅显示此刻需要的信息)。按照新技术建立的用户界面采用以下方式完成:

- 转到给定地址的页面;
- 对象可视化:
- 从服务器请求数据,
- 构建内部数据模型;
- 请求用户界面元数据;
- 借助元数据独立单元实现数据可视化;
- 参考对象可视化;
- 输出完成的页面并标记。

虽然建立用户界面页面的步骤变得更多,但是对象的可视化很容易单独提取。

这简化了开发、测试和重复使用软件代码的过程。

要可视化对象,需要知道提供所需类型对象的服务器的地址,以及对象的详细信息(关键值数组)。这使得可以将大型数据库划分为一组提供特定类型的对象的服务器。

所提方法在 Web 应用程序设计系统中实现,其中一个示例参见图 4.3。

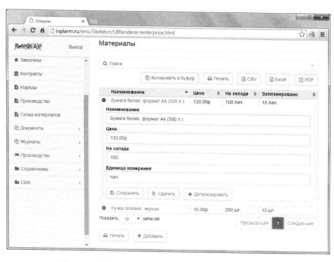

图 4.3 按照研发技术建立的 Web 应用程序

所提方法能够减少业务应用程序的用户界面的研发时间，促进从不同服务器接收信息的应用程序的建立，并且使得通过添加参考对象的元数据来扩展应用程序的功能变得可行。

参 考 文 献

[1] Леонтьев С.К., Губинский А.М. Технологическое прогнозирование и планирование: российский и зарубежный опыт, перспективы для отечественного оборонно-промышленного комплекса. — М.: Издательство Московского университета, 2014.

[2] Рогозин Д.О., Шеремет И.А., Гарбук С.В., Губинский А.М. Высокие технологии в США: Опыт министерства обороны и других ведомств. — М.: Издательство Московского университета, 2013.

[3] Алексашин А.А., Гарбук С.В., Губинский А.М. Российский оборонно-промышленный комплекс: история, современное состояние, перспективы. — М.: Издательство Московского университета, 2011.

[4] Никитенко Е., Гарбук С., Губинский А. Опыт Управления перспективных исследований МО США (ДАРПА) по развитию и использованию науки и технологий в оборонной сфере. — М.: Мэйлер, 2010.

[5] Vice President Albert Gore, "From Red Tape to Results: Creating a

Government That Works Better and Costs Less, Report of the National Performance Review", 7 September 1993.

[6] President William J. Clinton, Vice President Albert Gore. "Technology for America's Economic Growth, a New Direction to Build Economic Strength", February 22, 1993.

[7] Clinger-Cohen Act of 1996 (Information Technology Management Reform Act), Public Law 104-106.

[8] Л. Бойков, В. Сатаров, Основы оперативного искусства вооруженных сил США, Зарубежное военное обозрение. 2014, №7.

[9] Department of Defense. The Implementation of Network-Centric Warfare. Washington, D.C., 2005.

[10] С. Паршин, Ю. Кожанов, Концепции сетецентрического боевого управления ВС США, Великобритании и ОВС НАТО, Зарубежное военное обозрение. 2010, №4.

[11] С.А. Травников, А.В. Карташев, Военная мысль, № 8/2009.

[12] DoD Directive (DoDD) 8000.01, "Management of the Department of Defense Information Enterprise", February 10, 2009.

[13] Craig A. Lee, David Chadwick, The Virtual Organization Concept for Authorization Management in Federated Clouds, OpenStack Design Summit. Hong Kong, November 8, 2013.

[14] Military Transformation and the Defense Industry after Next: The Defense Industrial Implications of Network-Centric Warfare: Naval War College Newport Papers, August 9, 2012.

[15] Chairman of the Joint Chiefs of Staff Instruction Glossary. CJCSI 6212.01D 8 March 2006.

[16] Роговский Е. А., Американская стратегия информационного преобладания, «Информационные технологии. Системы, средства связи и управления», Воронеж, 2012, №1.

[17] The Department of Defense Information Technology Budget Exhibit,

Fiscal Year 2012 President's Budget Request, March 2012.

[18] Remarks by Secretary Robert M. Gates during a Pentagon News Briefing, August 9, 2010.

[19] Joint Information Environment, White Paper, 22 January, 2013.

[20] David DeVries, DoD Deputy Chief Information Officer For Information Enterprise (IE), May 21, 2013.

[21] Teresa Takai, Information Technology and Cyber Operations: Modernization and Policy Issues in a Changing National Security Environment; Subcommittee on Intelligence, Emerging Threats and Capabilities (Committee on Armed Services), March 12, 2014.

[22] DoD Information Enterprise Architecture, Core Data Center Reference Architecture Version 1.0, September 18, 2012.

[23] U.S. Army Unified Capabilities (UC) Reference Architecture (RA) Version 1.0, 11 October 2013.

[24] М.А. Шнепс-Шнеппе, Об эволюции сети DISN с учетом кибербезопасности, International Journal of Open Information Technologies, vol. 4, no. 3, 2016.

[25] L. McCoy Jr. Five Cybersecurity Hotspots in a Reorganized DISA, Apr. 23, 2015.

[26] NATO Logistics Handbook, October 1997

[27] Peter J. Lenk, NATO's First Step to the Cloud: Overview and Business Drivers, August 2014.

[28] ITM White Paper No. 1 NATO's First Step to the Cloud: Overview and Business Drivers, NATO Communication and Information Agency, 31 August 2014.

[29] Dr Gregory Edwards (DIS), Frank Mikla, Lukasz Sokolowski, IT Modernization NATO's First Step to a Cloud-based approach? Communicator, Issue 1 | 2016.

[30] А.Е. Кондратьев, Борьба за информацию на основе информации,

Независимое военное обозрение (НВО), 24.10.2008.

[31] Wolfgang Glagla, The Cooperation between NCOIC and NATO and the Agency, Bucharest, 25 March 2014.

[32] Approved for Public Release Distribution Unlimited NCOIC Overview 21010604r1.

[33] JohnPritchard, Kevin Jackson, Mark Reichardt, NCOIC GEOINT Community Cloud, 16 April 2007.

[34] NCOIC White Paper on the Cybersecurity Landscape, NCOIC Cybersecurity Integrated Project Team 11/13/2013.

[35] М. Волков, Западная военная индустрия на гражданских рынках, Национальная оборона, 2014, №3.

[36] Шнепс М.А., От IN к IMS. О сетях связи военного назначения, International Journal of Open Information Technologies, 2014, Том 2 Выпуск 2.

[37] Warfighter Information Network-Tactical, General Dynamic, February 2015.

[38] Cisco ANA Architecture for High Availability http://www.cisco.com/ go/ana.

[39] Wireless and Network Security Integration Design Guide, November 24, 2008.

[40] NAC Framework Configuration Guide, Technical Overview, 2006.

[41] Н. Латыпаев, Безопасность центров обработки данных, Cisco, 13.01.14.

[42] Defense Data Center Networking: Raise Security, Improve Continuity, Lower Costs, Solution Overview, Cisco, C22-504982-00 05/09.

[43] Центры обработки данных CISCO для предприятий: решения для обеспечения безопасности центров обработки данных, Обзор решений, Cisco www.eureca.ru/edu/study/cisco/library/download. php?type=pdf.

［44］ Постановление Правительства Российской Федерации от 16 мая 2016 года №425-8 «Об утверждении государственной программы Российской Федерации «Развитие оборонно-промышленного комплекса»«.

［45］ Распоряжение Правительства Российской Федерации от 1 ноября 2013 года №2036-р «Об утверждении Стратегии развития отрасли информационных технологий в Российской Федерации на 2014-2020 годы и на перспективу до 2025 года».

［46］ Федеральный закон от 27.07.2006 № 149-ФЗ (ред. от 13.07.2015) «Об информации, информационных технологиях и о защите информации».

［47］ Постановление Правительства Российской Федерации от 16 ноября 2015 г. №1236 «Об установлении запрета на допуск программного обеспечения, происходящего из иностранных государств, для целей осуществления закупок для обеспечения государственных и муниципальных нужд».

［48］ Федеральный закон от 29.06.2015 № 188-ФЗ «О внесении изменений в Федеральный закон «Об информации, информационных технологиях и о защите информации».

［49］ Минкомсвязи запустило реестр отечественного ПО, Вести, 12.01.2016, http://www.vestifinance.ru/articles/66200.

［50］ Указ Президента Российской Федерации от 7.05.2012 г. № 603 «О реализации планов (программ) строительства и развития Вооруженных Сил Российской Федерации, других войск, воинских формирований и органов и модернизации оборонно-промышленного комплекса».

［51］ Ответы Секретаря Совета Безопасности Российской Федерации Н.П. Патрушева в связи с 20-летием ведомства на вопросы корреспондента «Интерфакса» 01.06.2012, http://www.scrf.gov.ru/

news/22/721.html.

[52] «Систему защищенной связи для организаций оборонно-промышленного комплекса создадут в ОПК», ТАСС, МОСКВА, 19 января 2016 г.

[53] Королевский Д.А., О развитии электронного взаимодействия организаций в рамках Единого информационного пространства ОПК, Иннополис 2015, презентация.

[54] «В Минкомсвязи России прошло совещание по внедрению современных информационных технологий в ОПК», сайт Минкомсвязи России, 26 февраля 2014 г., http://minsvyaz.ru/ru/events/30188.

[55] Рабочие материалы конференции «Информационные технологии на службе оборонно-промышленного комплекса», Саров, 15-18 апреля 2014 г.

[56] Greco S., Pontieri L., Zumpano E. Integrating and managing conflicting data //Perspectives of System Informatics. - Springer Berlin Heidelberg, 2001. - C. 349 - 362.

[57] Date C. J. SQL and Relational Theory: how to Write Accurate SQL code. - « O'Reilly Media, Inc.», 2011.

[58] Burbeck S. Applications Programming in Smalltalk-80 (tm): How to use model-view-controller (mvc) //Smalltalk-80 v2. - 1992. - Т 5.

[59] Sorensen E., Mihailesc M. I. Model-View-ViewModel (MVVM) Design Pattern using Windows Presentation Foundation (WPF) Technology // MegaByte Journal.-2010.

[60] Данилкин Ф.А., Киселев В.Д., Новиков А.В., Титов С.В., Титова Ю.Е. Платформа разработки пользовательского интерфейса веб-ориентированных информационных приложений, «Вопросы защиты информации» (ВЗИ-4-2015).

[61] O'reilly T What is web 2.0. - « O'Reilly Media, Inc.», 2009.

[62] Hutchinson C., Ward J., Castilon K. Navigating the Next-Generation Application Architecture //IT professional. -2009. -Т. 11. -№. 2. -С. 18-22.

[63] Feng X., Shen J., Fan Y REST: An alternative to RPC for Web services architecture //Future Information Networks, 2009. ICFIN 2009. First International Conference on. -IEEE, 2009. -С. 7-10.

[64] Cholia S., Skinner D., Boverhof J. NEWT: A RESTful Service for building High Performance Computing web Applications //Gateway Computing Environments Workshop (GCE), 2010. -IEEE, 2010. -С. 1-11.

[65] Kuuskeri J., Mikkonen T Partitioning веб Applications between the Server and the Client //Proceedings of the 2009 ACM Symposium on Applied Computing. -ACM, 2009. -С. 647-652.

[66] Kennard R., Leaney J. Towards a general purpose architecture for UI generation //Journal of Systems and Software.-2010. -Т. 83. -№. 10. -С. 1896-1906.

[67] Pleuss A., Botterweck G., Dhungana D. Integrating Automated Product Derivation and Individual User Interface Design //VaMoS. -2010. -Т. 10. -С. 69-76.

[68] Monteiro M., Oliveira P, Gonsalves R. GUI Generation Based on Language Extensions: a Model to Generate GUI, Based on Source Code with Custom Attributes.-2008.